围棋入段教程

weiqi ruduan jiaocheng

匙余宏 赵帆 编著

从九级到初段的考核标准

Cong JIUJI
DAO CHUDUAN DE
KAOHE BIAOZHUN

清晰、高效的**进阶之路**

成都时代出版社
CHENGDU TIMES PRESS

图书在版编目（CIP）数据

围棋入段教程．从九级到初段的考核标准 / 赵余宏，赵帆编著． —— 成都：成都时代出版社，2024.12

ISBN 978-7-5464-3371-4

Ⅰ．①围… Ⅱ．①赵… ②赵… Ⅲ．①围棋－教材 Ⅳ．① G891.3

中国国家版本馆 CIP 数据核字 (2024) 第 020966 号

围棋入段教程：从九级到初段的考核标准
WEIQI RUDUAN JIAOCHENG:CONG JIUJI DAO CHUDUAN DE KAOHE BIAOZHUN

赵余宏　赵　帆 编著

出 品 人　达　海
责任编辑　李　林
责任校对　樊思岐
责任印制　黄　鑫　曾译乐
装帧设计　成都九天众和

出版发行　成都时代出版社
电　　话　（028）86742352（编辑部）
　　　　　（028）86615250（营销发行）
印　　刷　成都蜀通印务有限责任公司
规　　格　185mm×260mm
印　　张　22.75
字　　数　364 千
版　　次　2024 年 12 月第 1 版
印　　次　2024 年 12 月第 1 次印刷
书　　号　ISBN 978-7-5464-3371-4
定　　价　60.00 元

前　言

围棋棋艺水平的高低通常是以段位和级位来区分的。

大凡棋手——尤其是初学者，都希望能够及时明了自己的级位或段位，了解自己的棋力，以便增强信心和兴趣，确定努力方向。然而，大多数棋手却没有机会参加定级或定段的比赛，于是就无法准确地鉴定自己的棋力，这不免是一件憾事。

为了适应围棋事业发展的需要，满足广大围棋爱好者的要求，笔者根据自己对围棋的理解和研究，在参考了大量资料的基础上，征求了有关专家的意见，大胆编写了这本《围棋入段教程：从九级到初段的考核》。这样，棋手们不需参加比赛，只要阅读本书即可知道自己的棋力。

本书设十个级别的考核，即从九级至初段。其中每个级别设布局、定式、中盘、官子、死活五个章节，每个章节四道试题。每个章节的试题均按顺序排列，由浅入深，结构严谨，系统性强。凡能将五个章节的试题正确解出，即表明已达到该级水平。

为了帮助读者提高棋艺水平，本书的解答部分除公布正确答案外，还附有若干参考图，对试题进行详尽的分析。因此，本书不但是初中级棋手的必读之物，而且可作为中、小学开展围棋活动的教材。

由于本人水平所限，错误和不妥之处在所难免，欢迎读者提出宝贵意见。

在本书的的编写过程中，笔者得到了有关专家的大力支持与帮助，在此一并表示感谢。

赵余宏　赵　帆

见此图标 ⣿ 微信扫码
走进围棋入段"云"课堂

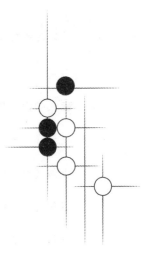

目　录

第一章

布局问题

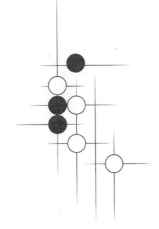

九 级

问题1（黑先）

请找出最好的点。

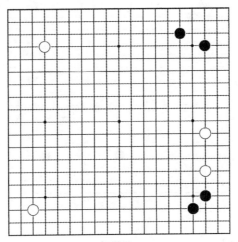

问题图 1

问题2（黑先）

盘上大场很多，正是考验构思能力的时刻，请仔细判断。

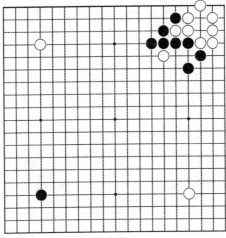

问题图 2

问题3（黑先）

黑的要点在哪里？

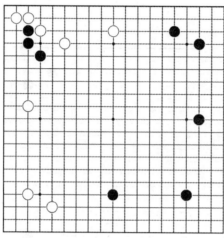

问题图 3

问题4（黑先）

大场何在？

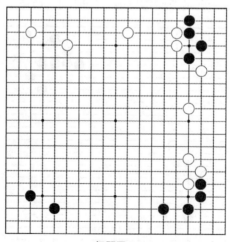

问题图 4

解 答

问题1（黑先）

正解图：

黑1是不可错过的大场。
至黑5止，黑的步调相当流
畅。左边如果白是小目，黑
可先挂角。

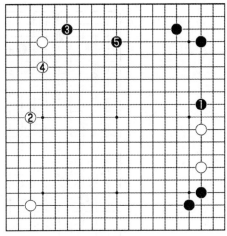

正解图

失败图：

黑1时，白在2位拆，黑失去了夹攻之利。

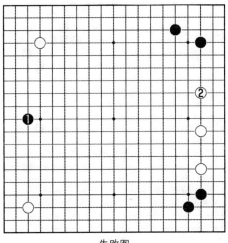

失败图

问题2（黑先）

正解图：

黑在1、3位挂角拆边方向正确，和右上黑棋厚势配合得很好。

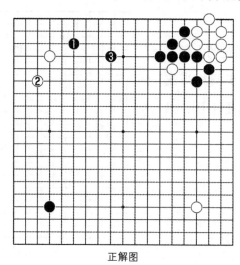

正解图

失败图：

黑1、3方向有误。此后白有A位侵入的手段，黑实利并不大。

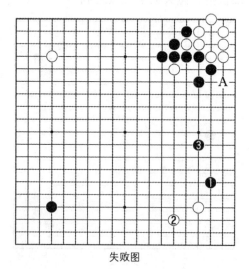

失败图

问题3（黑先）

正解图：

黑1拆是要点。白2时，黑3自然向外跳出。

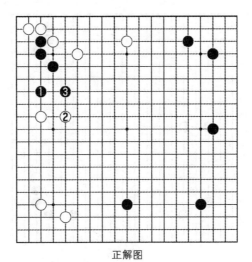

正解图

失败图：

黑走1位不急。白2是攻击要点，以后白8在逼攻黑的同时，补牢了自己。

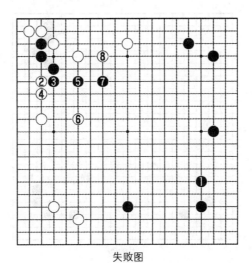

失败图

问题4（黑先）

正解图：

黑在1位开拆是当务之急。这是此消彼长的要点。

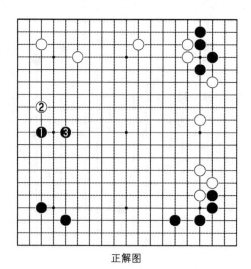

正解图

失败图：

黑1错误。白2占据了要点。

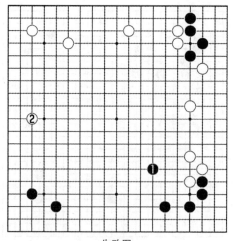

失败图

八级

问题5（黑先）

要点在右边，切莫错过时机。

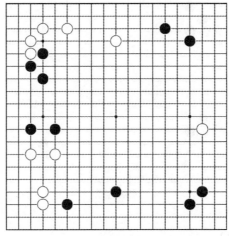

问题图

问题6（黑先）

对于白△的分投，黑应该从哪一边攻击？注意配合。

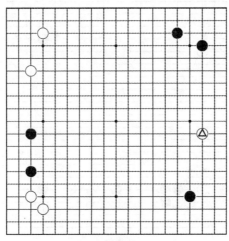

问题图6

问题7（黑先）

虽与前图有所不同，但道理却是一样的。

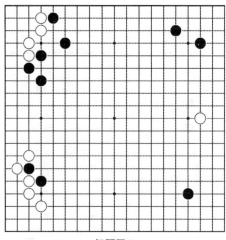

问题图 7

问题8（黑先）

盘上大场不只一处，但最佳的点却只有一个。

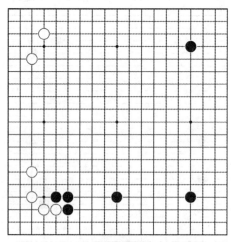

问题图 8

解　答

问题5（黑先）

正解图：

黑1好手，逼迫白在2位跳出，黑顺势在3位加强自己。

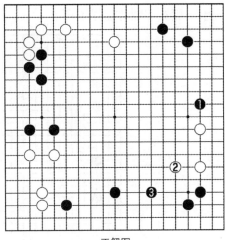

正解图

失败图：

黑1错误，白2拆后棋形畅快。

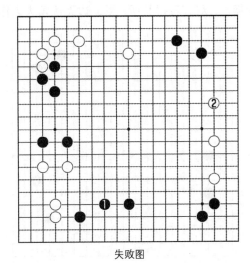

失败图

问题6（黑先）

正解图：

黑在1位夹攻，方向正确，可与右上无忧角相配合。白2、4是必然的
应手，黑3、5顺势加强了自己。

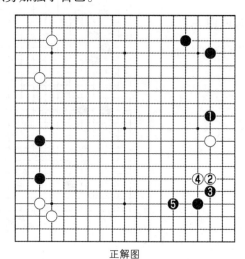

正解图

失败图：

黑1与白2交换后，双方各得其所，黑上边无忧角失去作用，显然不妥。

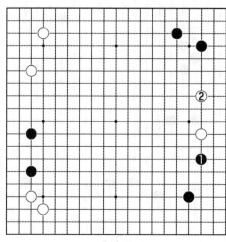

失败图

问题7（黑先）

正解图：

黑在1位夹攻，然后占据5位大场，姿态很好。白4如不飞角，黑在A位小尖很大。

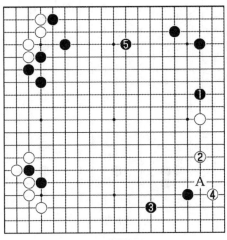

正解图

失败图：

黑1方向错误。白2以后，还有A位点角的手段。

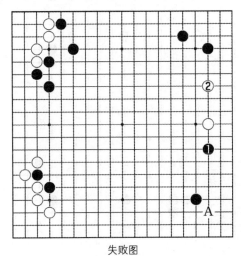

失败图

问题8（黑先）

正解图：

黑1是最佳大场。以下至黑7止，形成黑棋广阔的局面。

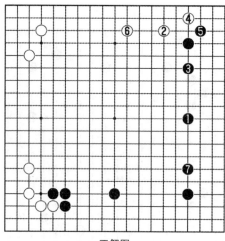

正解图

失败图：

黑1在上边的星下落子，方向有误。白2、4在黑的模样中开拆，黑形不畅。

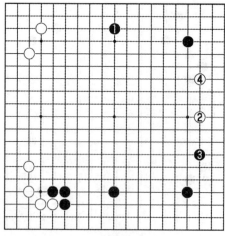

失败图

七级

问题9（黑先）

此消彼长的要点在哪里？

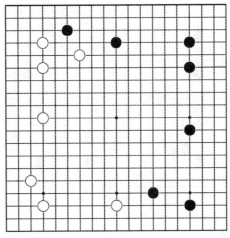

问题图 9

问题10（黑先）

黑要构成自己的模样，在上边落子还是在下边落子？

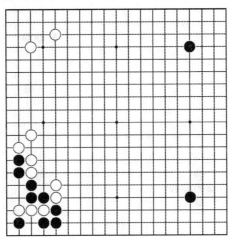

问题图 10

问题11（黑先）

此形黑应在限制白右上边二子的同时加强自己，走在哪里最好呢？

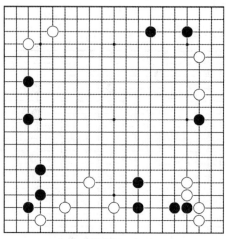

问题图 11

问题12（黑先）

面对白左下角的厚形，黑在哪里落子最为妥当呢？

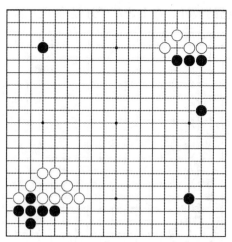

问题图 12

解 答

问题9（黑先）

正解图：

黑1镇是场合的急所，双方形势消长要点。上边白6后，黑7点角至黑15转换，黑形势可观。

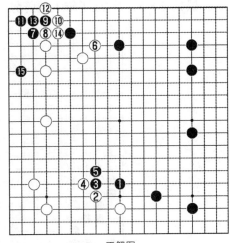

正解图

失败图：

黑1俗手，白2占据了要点。

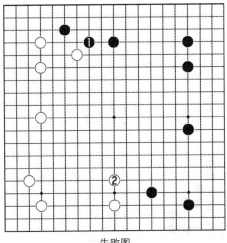

失败图

问题10（黑先）

正解图：

黑1、3、5、7构成了雄大的阵势。

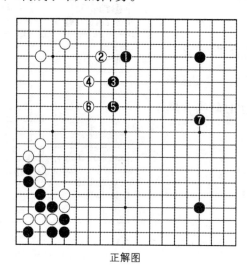

正解图

失败图：

黑1方向错误，白2、4占据了要点，形成大模样。

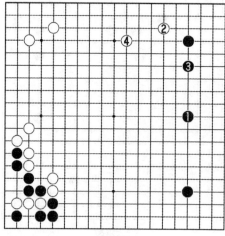

失败图

问题11（黑先）

正解图：

黑1拆二是一举两得的下法，战略思想正确。

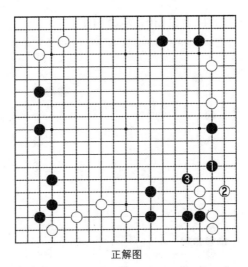

正解图

失败图：

黑1恶手，白2夹黑一子，黑形苦。

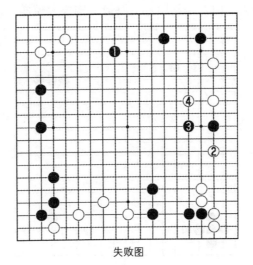

失败图

问题12（黑先）

正解图：

因白太厚，黑1拆恰到好处。

白走A位并不大。以下至白6，双方可下。

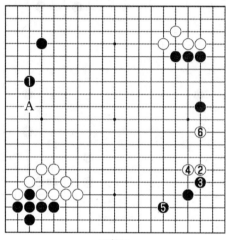

正解图

失败图：

黑1方向错误。白2、4利用左下厚势，构成大模样。

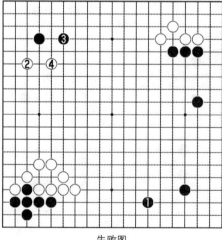

失败图

六　级

问题13（黑先）

白在右下角展开双翼，黑如何限制白的大模样呢?

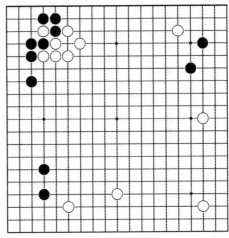

问题图 13

问题14（黑先）

白⊖挂角，黑有严厉的手段。

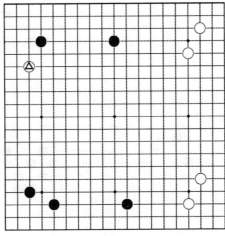

问题图 14

问题15（黑先）

此时黑应在何处落子？要从全局来考虑。

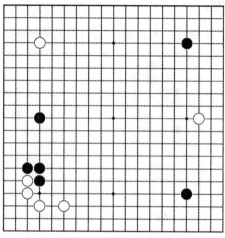

问题图 15

问题16（黑先）

右上的黑急需补一手，补在哪里合适呢？

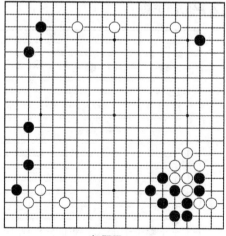

问题图 16

解 答

问题13（黑先）

正解图：

黑1、3、5是限制白构成
大模样的好手。

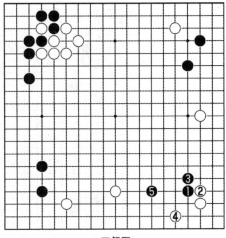

正解图

失败图：

黑1不当，白2后，右下方的白阵得到了扩张。

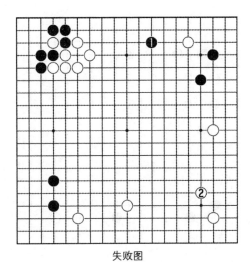

失败图

问题14（黑先）

正解图：

黑在1位夹攻严厉，以下结果至黑7，黑外势雄大。▲也发挥了作用。

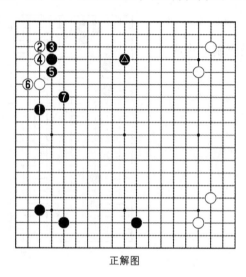

正解图

变化图：

黑1时白改在2位跳，黑3、5后，白三子陷入被攻局面，成苦战形。

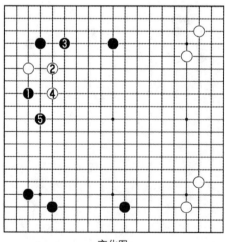

变化图

失败图：

黑1缓。白2、4后棋形生动有据，黑失去了与左下黑三子的配合。

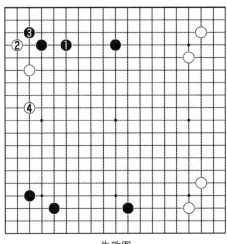

失败图

问题15（黑先）

正解图：

黑先在1位与白2交换，然后再于3、5位大飞守角，次序好。

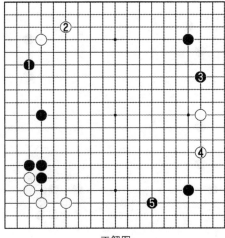

正解图

失败图：

黑1方向错。因黑△在四路，白2是极佳的位置，以后白有打入等手段。

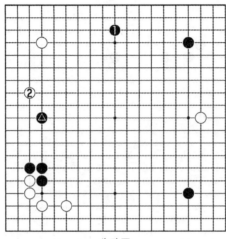

失败图

问题16（黑先）

正解图：

黑1拆二恰到好处。

因白右下方太厚，黑1如在A位拆，白可在B位打入。

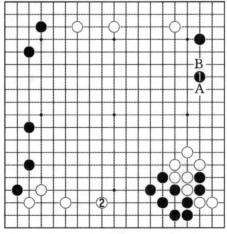

正解图

失败图：

黑1是缺乏常识的走法。白2至白6先手攻黑的同时，筑成了厚势。

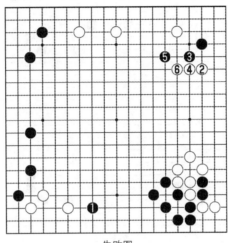

失败图

五　级

问题17（黑先）

白△小飞，试图吃掉黑的一子，黑应怎样处理？

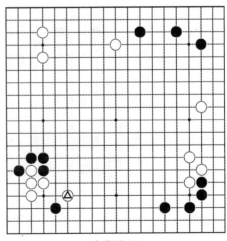

问题图 17

问题18（黑先）

焦点在右上角，黑的要点在哪里？

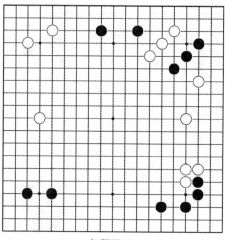

问题图 18

问题19（黑先）

局面还很空，可供选择的点似乎不少，但其中只有一处最为重要。

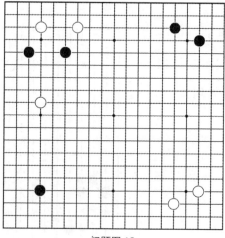

问题图 19

问题20（黑先）

这是较为普通的局面，目前全局的最紧要处在哪里？

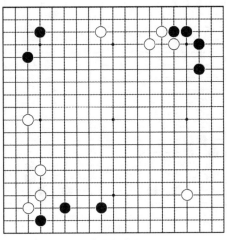

问题图 20

解 答

问题17（黑先）

正解图：

黑弃子在1位拆出是好手。白2挡必然，黑先手抢到3位拆的大场，可以满足。

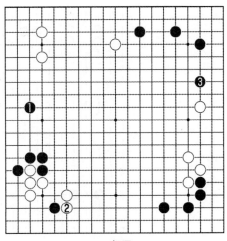

正解图

失败图：

黑1不好，白2后黑左边四子无根，成为被攻之形。

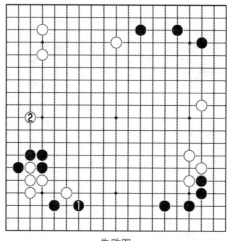

失败图

问题18（黑先）

正解图：

黑1尖顶漂亮，在角上生根的同时，逼迫白在2位飞，黑3、5顺势长出，实利大。

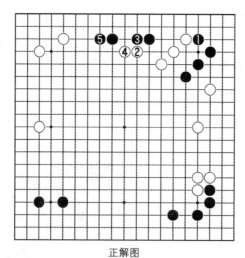

正解图

失败图：

黑1不好，白2占据了要点，黑三子无根被动。

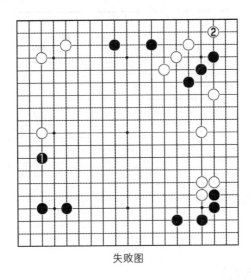

失败图

问题19（黑先）

正解图：

黑1、3、5次序好，白中央两子成为苦形。黑3走A位也是一策。

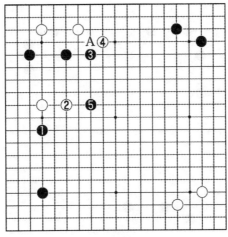

正解图

失败图：

黑1不当，白2后，黑●与白△的交换大损。

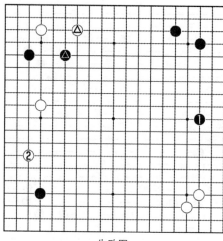

失败图

问题20（黑先）

正解图：

黑1、3次序好，左上角得到的实利很大。黑1时白如在A位拆，黑则在B位打入。

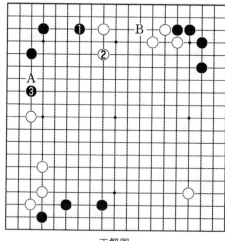

正解图

失败图：

黑1方向错误。白6拆后棋形坚实，结构合理。

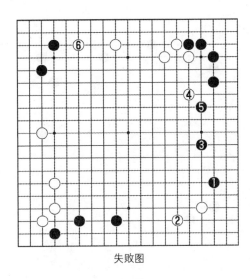

失败图

四　级

问题21（黑先）

此际哪里最为紧要？

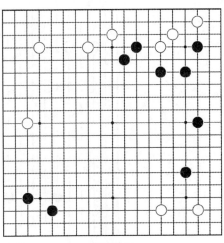

问题图 21

问题22（黑先）

重点应该在右上方。

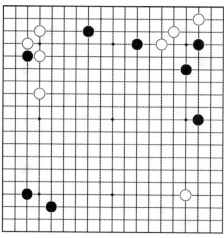

问题图 22

问题23（黑先）

两边均有大场，哪边更大呢？

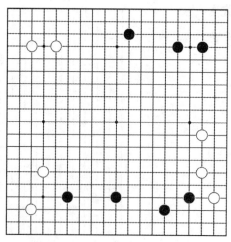

问题图 23

问题24（黑先）

白△托后，黑面临方向的选择。

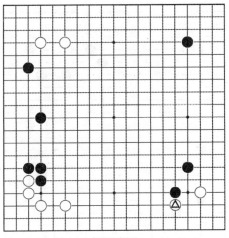

问题图 24

解　答

问题21（黑先）

正解图：

黑1是要点，以下至黑11

先手活角，黑满意。

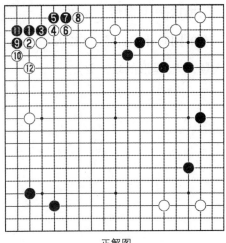

正解图

失败图：

黑1不好，白在2位立下后，左上角成为坚实的实空。

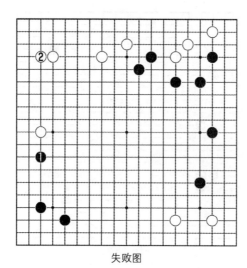

失败图

问题22（黑先）

正解图：

黑1好手且急所，逼攻白三子的同时补牢自己，白2占大场，黑3是形的攻击要点。

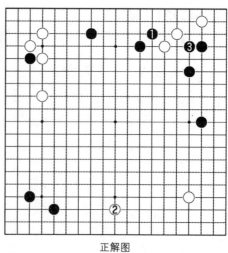

正解图

失败图：

黑1显然不妥。白2、4与黑3、5交换后，白在6位打入严厉，黑空被先手掏空，白实利很大。

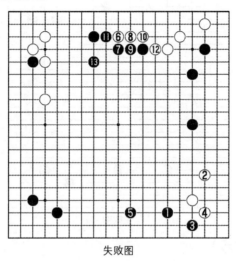

失败图

问题23（黑先）

正解图：

黑1、3后成为安定形，以后A、B两点见合。

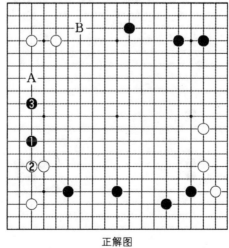

正解图

失败图：

此形左边大、右边小，黑1是缺乏常识的走法。

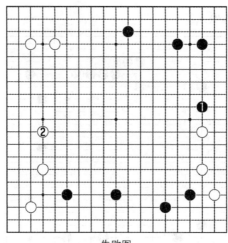

失败图

问题24（黑先）

正解图：

黑1正确。以下至白10，双方均是最好的应接。黑因右上的子力配置，在11位拆后棋形雄大，且白10和白△正好相撞头，违背棋理。

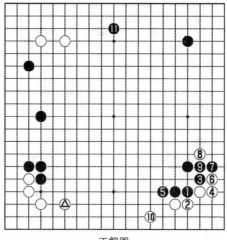

正解图

失败图:

黑在1位扳方向有误,与前面的布局意图不符,因下边有白△,不是黑容易成空的地方。

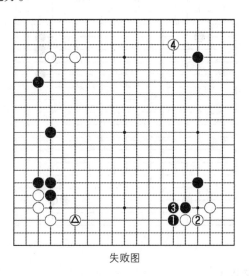

失败图

三 级

问题25(黑先)

哪里是此形的急所?要充分利用厚味。

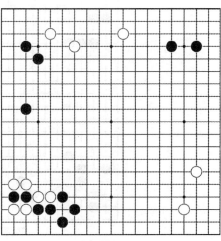

问题图 25

问题26（黑先）

右下角的定式还未结束，黑应做怎样的选择？

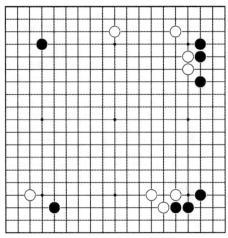

问题图 26

问题27（黑先）

重点当然在左上方，这里是双方的攻防急所。

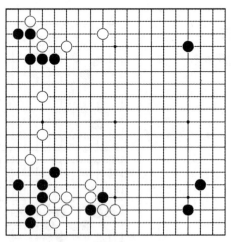

问题图 27

问题28（黑先）

重要的是次序问题。

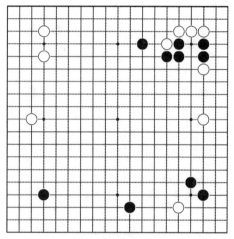

问题图 28

解　答

问题25（黑先）

正解图：

黑1是利用左下厚势的急所，以下进行至黑5，黑的步调相当流畅。

白2如直接在4位拆，则黑可在A位跳。

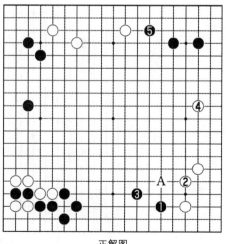

正解图

失败图：

黑1方向错误，白2占据了要点。

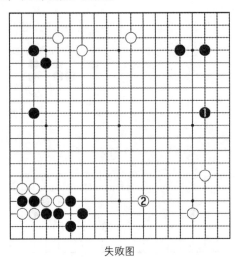

失败图

问题26（黑先）

正解图：

黑1拆时，白2靠当然。以下黑3至白8后，白虽厚，但黑1的拆和△的位置极佳，黑可以满意。以上是定式运用的要领。

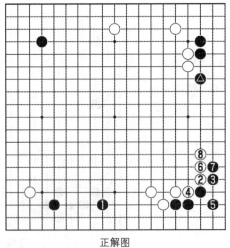

正解图

失败图：

黑如照搬定式在1位飞，白在2位三间低夹是一石二鸟的好手。

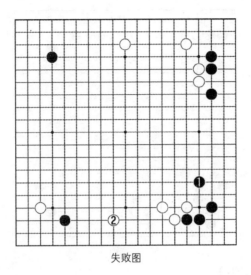

失败图

问题27（黑先）

正解图：

黑1先手加强了自己，然后在3位小飞守角，大成功。

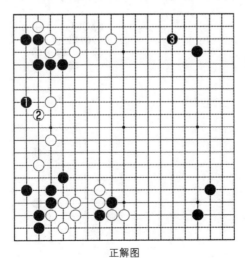

正解图

失败图：

黑先走1位守角，白2则占据了双方的急所，黑次序错。

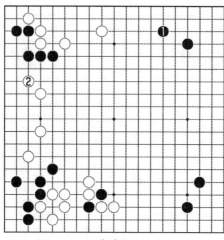

失败图

问题28（黑先）

正解图：

黑先在1位与白2交换是好手。

黑9以后，角上留有黑A、白B、黑C打劫的味道。

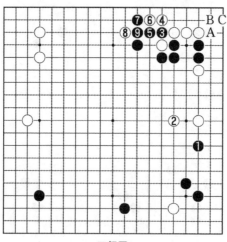

正解图

失败图：

黑先在1位断，白2扳吃以后再在6位先手利用，然后在8位拆，△子也有了活力。

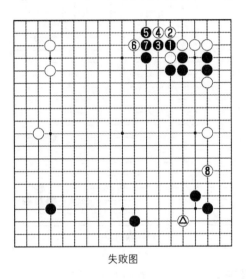

失败图

二级

问题29（黑先）

此形的急所在哪里？

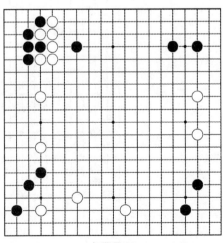

问题图 29

问题30（黑先）

黑的着眼点在左下角。要慎重落子，考虑全局的配合。

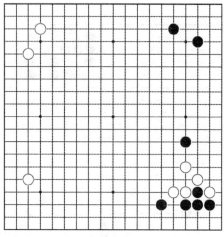

问题图 30

问题31（黑先）

对于上面星下的白子，应从哪边逼?

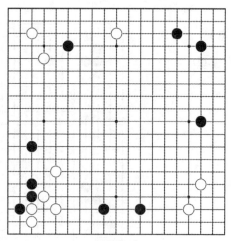

问题图 31

问题32（黑先）

处理左下的黑一子是当务之急，但切记不要盲目逃跑。

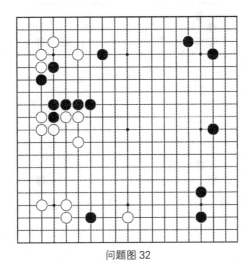

问题图 32

解答

问题29（黑先）

正解图：

黑1是唯一的选择，拆得
恰到好处。

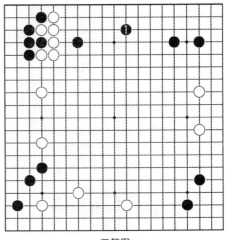

正解图

失败图：

黑1不好。白2、4后黑形不好，白上边实空很大。

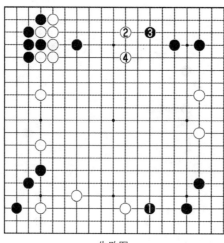

失败图

问题30（黑先）

正解图：

黑1急所。白2飞必然，以下至6，黑先手抢到7位的大场。此后，白A拐虽然很大，但黑△子可得到充分发挥。

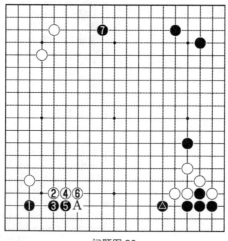

问题图 30

失败图：

黑1时，白2至6的应接正确。以后白有A、B两个好点可以选择，与正确图比明显不好。

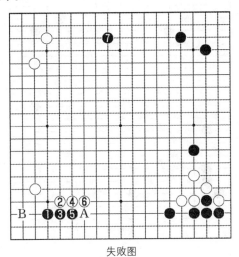

失败图

问题31（黑先）

正解图：

黑1若直接在3位跳，则白可在A位拆二。现黑先在1位拆是调子的要求。

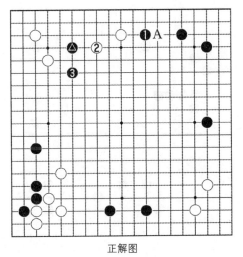

正解图

失败图：

黑1是凑着。白2拆后安定，黑不够紧凑。

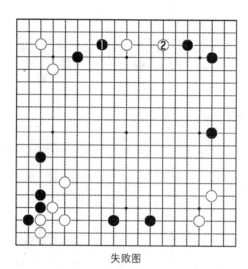

失败图

问题32（黑先）

正解图：

黑1、3、5弃一子而加强中腹是宏大的构思，感觉极佳，全局主动。

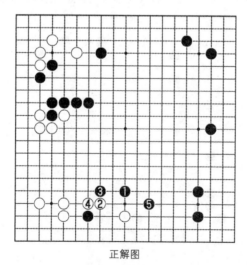

正解图

失败图：

黑1、3直接跑出太重，而且白出头后黑的模样被破坏。黑1如在A位拆，白则在B位跳，黑也不好。

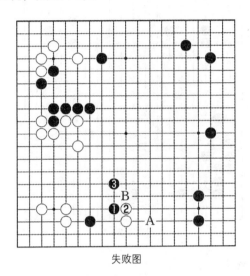

失败图

一　级

问题33（黑先）

此形关键点在哪里？

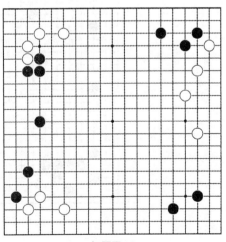

问题图 33

问题34（黑先）

哪里最大？

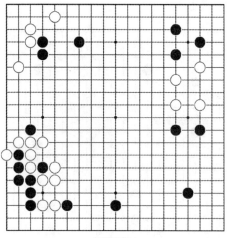

问题图 34

问题35（黑先）

黑有一举两得的着手。

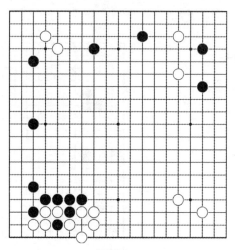

问题图 35

问题36（黑先）

自△挂后，黑应如何选择定式?

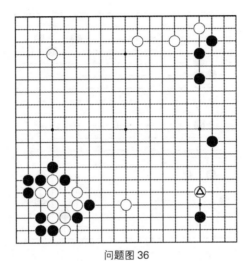

问题图 36

解　答

问题33（黑先）

正解图:

黑1的目的是限制白在A位打入。白2挡后，黑3跳起调子好。

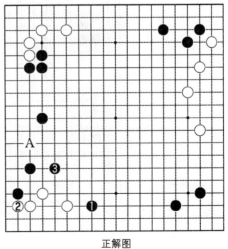

正解图

失败图一：

黑1与白2交换后，黑稍不满。

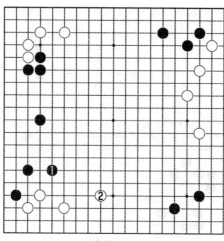

失败图一

失败图二：

此形的结果显然于黑不利。黑3如在A位跳，白则在B位跳，白好。

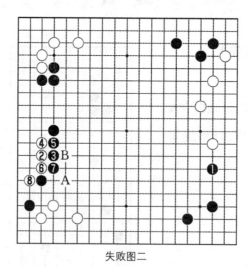

失败图二

问题34（黑先）

正解图：

黑1极大，黑右下角形成坚实的模样。白2飞起，黑3补厚。

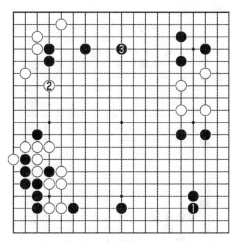

正解图

失败图：

黑1价值不大，白2点三三，黑空被掏，实空受损。

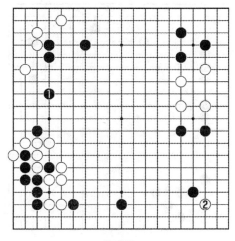

失败图

问题35（黑先）

正解图：

黑1小飞后，后续有A位飞的严厉手段，还可以限制白B的打入。以下至黑3，黑左边形势可观。

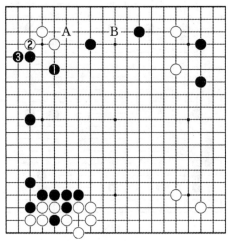

正解图

失败图：

黑1方向有误。白2至6先手利用后，在8位打入，黑陷入苦战。

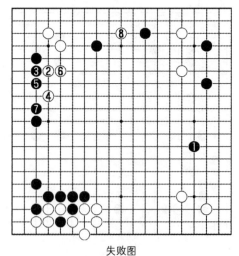

失败图

问题36（黑先）

正解图:

黑1选择跳的定式,位置极好,至黑11角上安定。黑13至黑17又得到较大实利。

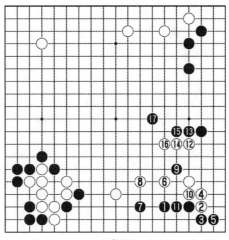

正解图

失败图:

黑1位置高,白8后,留有A位的手段。

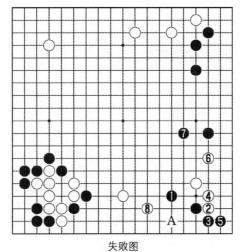

失败图

初　段

问题37（黑先）

黑的着眼点在上边，应如何利用黑三子来配合大模样？

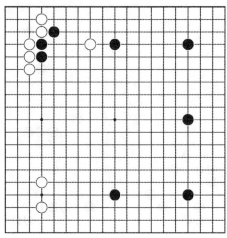

问题图 37

问题38（黑先）

现在盘上大场虽很多，但只有一处是急所。

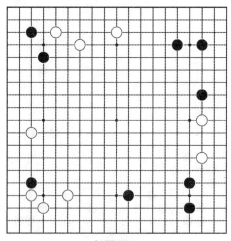

问题图 38

问题39（黑先）

左上角白一间夹后，黑应如何根据周围的形势来选择定式?

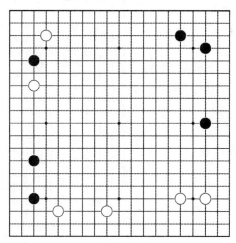

问题图 39

问题40（黑先）

大场和急所是有根本区别的，急所是优先于大场的。

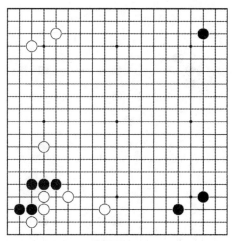

问题图 40

解　答

问题37（黑先）

正解图：

黑1靠紧凑，是和全局相配合的好手。逼白帮黑走厚，以下至黑7弃掉三子，黑右边模样雄大，布局成功。

黑如直接出动三子太重，白可顺势破黑模样。

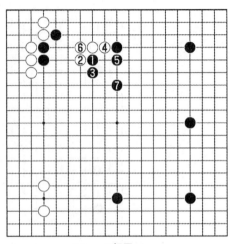

正解图

失败图：

黑1跳太松，以下白4可与黑对围，之后白有在右边打入的手段，黑失败。

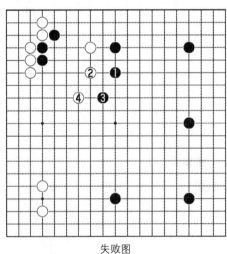

失败图

问题38（黑先）

正解图：

黑1拆正解。如多一路拆，白A跳后，白还有B位的打入，黑失败。黑1后，有C位的后续手段。

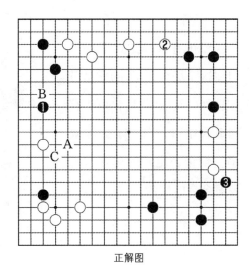

正解图

失败图：

黑1虽也是好点，但白2后，A位飞很严厉，且左边的模样也在增大，白好。

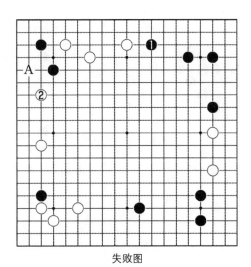

失败图

问题39（黑先）

正解图：

黑虽有种种定式下法，但在这个场合，黑1的靠是最佳选择，至黑9拐后，由于有黑▲的作用，白三子失去效率。切记，定式的选择一定要看全局的配合。

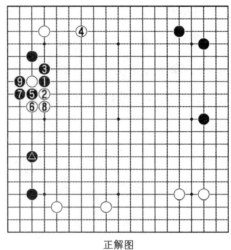

正解图

失败图：

黑选择1位飞的定式不好，以下至黑9，由于有黑▲的关系，黑左边不是成空的地方，多少有重复之感。

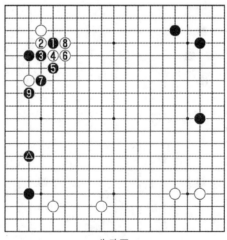

失败图

问题40（黑先）

正解图：

黑1反夹是急所，白2尖必然，黑3拆，以下至黑7，黑棋形舒畅。

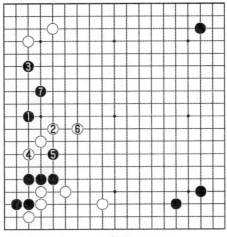

正解图

失败图：

黑1占大场虽说也是绝好点，但白2尖急所，左下黑数子有被攻之感，且白左边广阔。

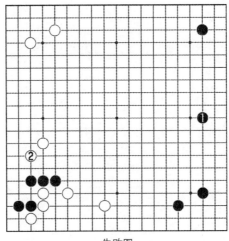

失败图

第二章

定式问题

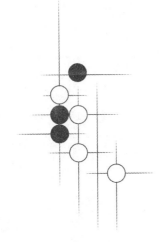

九　级

问题1（黑先）

对于白△的托，黑应当怎样处理?

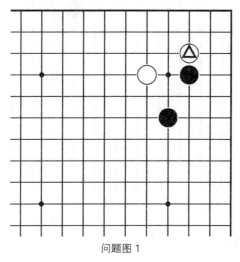

问题图 1

问题2（黑先）

这是常识问题，白△拆一，黑正确的位置在哪里?

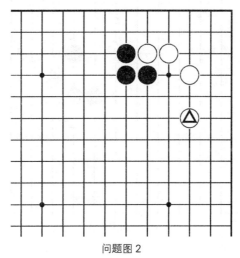

问题图 2

问题3（黑先）

白△靠后，黑第一手很重要，以后的次序也不可忽视。

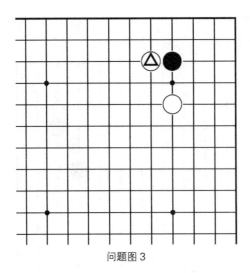

问题图 3

问题4（黑先）

对于白△的逼攻，消极的防守是不行的。

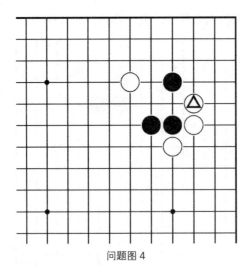

问题图 4

解　答

问题1（黑先）

正解图：

黑3也有往角上长的，但以后白有在A位逼的手段。以下至白4，是常见的定式。

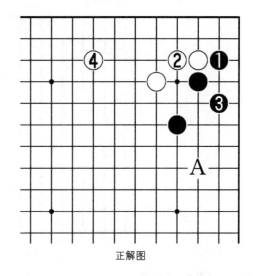

正解图

经过图：

此形形成的过程演示。

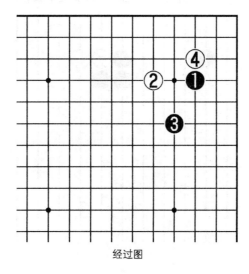

经过图

失败图：

黑1扳无理。

白4立下后，黑难以应对。

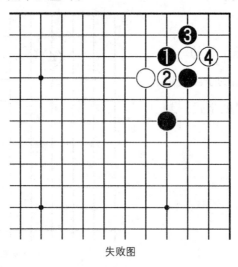

失败图

问题2（黑先）

正解图：

黑1的走法符合"立二拆三"的定理。如重视中腹，也可于A位高拆。

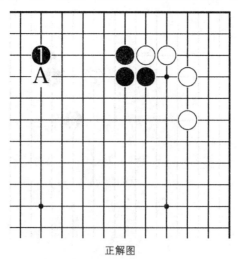

正解图

经过图：

此形形成的过程演示。

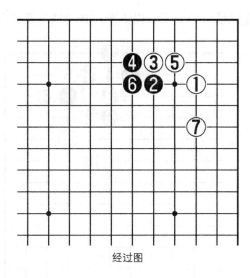

经过图

失败图：

黑在1位大拆不好，白有2位打入的手段。

黑1如在2位拆则太小。

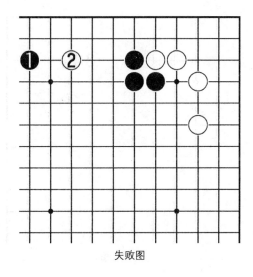

失败图

问题3（黑先）

正解图：

黑1扳是此际最好的应手。以下至白10的结果黑可以满意。

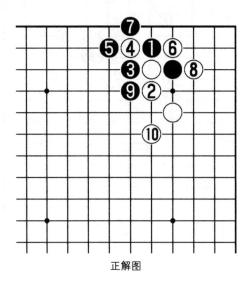

正解图

经过图：

此形形成的过程演示。

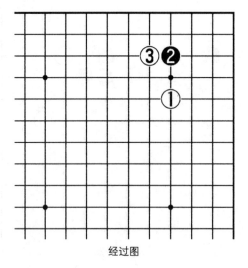

经过图

变化图：

白征子有利时，也可在4位断，然后在6、8位争吃一子。

总之，白在哪面断，黑则在哪面吃。

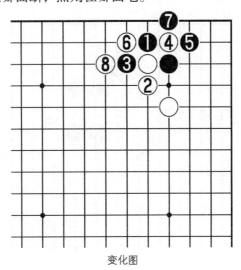

变化图

失败图：

黑1俗手。

白4扳后，黑无好应手。

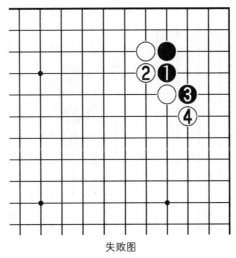

失败图

问题4（黑先）

正解图：

黑1并有力。白2时，黑3扳出，形成常见定式。

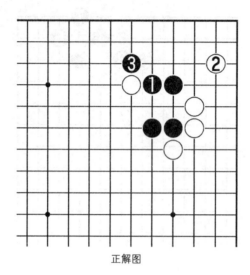

正解图

经过图：

此形形成的过程演示。黑2脱先。

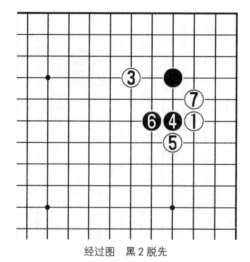

经过图　黑2脱先

失败图：

黑1恶手。白2、4冲断后，黑形崩溃。

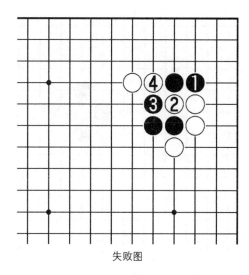

失败图

八　级

问题5（黑先）

白△断，黑应从上边打吃还是从下面打吃？二者结果截然相反。

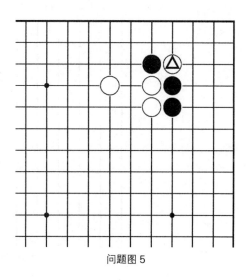

问题图5

问题6（黑先）

白△粘后，黑的断点有两个，在哪里补好呢？

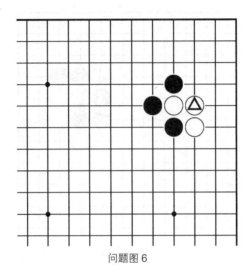

问题图 6

问题7（黑先）：

白△打吃，黑能粘吗？

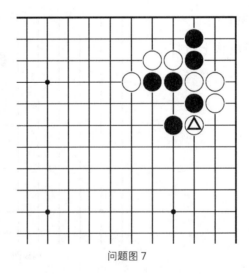

问题图 7

问题8（黑先）

对于白△的扳，黑不能随手而应。

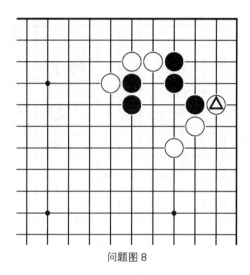

问题图 8

解　答

问题5（黑先）

正解图：

黑1是正解。以下至白12
双方均是最好的应接，结果
各有所得，形成常见定式。

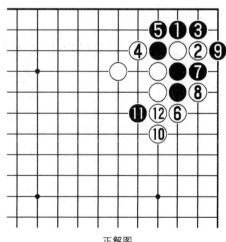

正解图

经过图：

此形形成过程的演示。

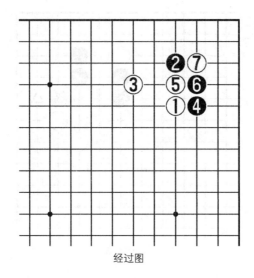

经过图

失败图：

黑1打吃错误，白10好手，以下至黑17白有利。

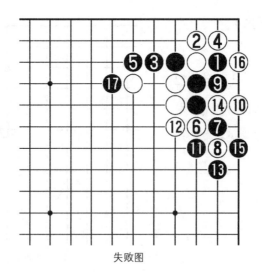

失败图

问题6（黑先）：

正解图：

黑1在上面粘是唯一的应手。以下至黑11，黑弃掉角上一子，外势很厚。

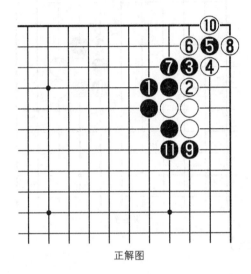

正解图

经过图：

此形形成过程的演示。

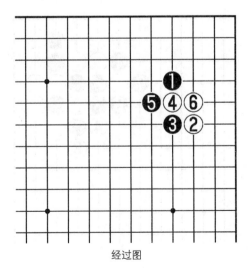

经过图

失败图：

黑1在下面粘恶手。白2断后黑难以应对。

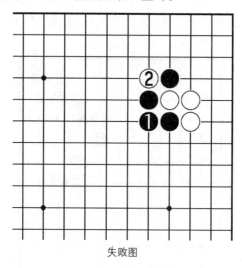

失败图

问题7（黑先）

正解图：

黑1断必然。结果双方形成转换，各得其所。此形是常见的"小雪崩"定式。

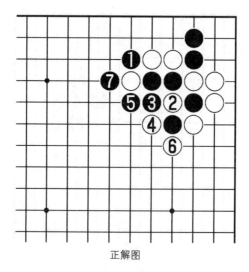

正解图

经过图：

此形形成过程的演示。

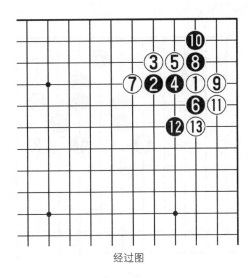

经过图

失败图：

黑1粘大恶手。白8长出后黑崩溃。

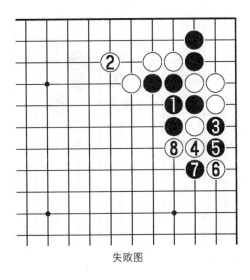

失败图

问题8（黑先）

正解图：

黑1先挤，再3位扳，次序好，以下至黑7，是常见定式。

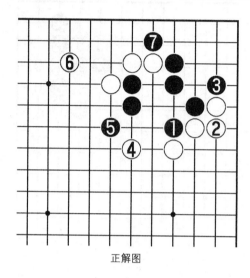

正解图

经过图：

此形形成过程的演示。

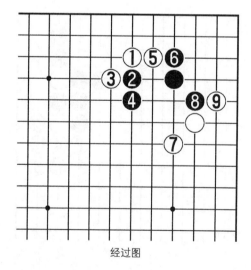

经过图

失败图：

黑1是随手，被白在2位先手利用，结果与正解图大相径庭。

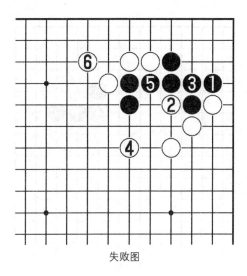

失败图

七级

问题9（黑先）

白△后，黑的应手在哪里？

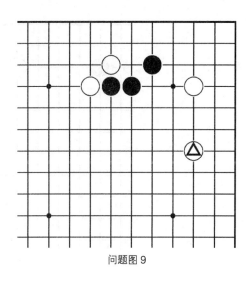

问题图 9

问题10（黑先）

白△断，黑应从哪面打吃？

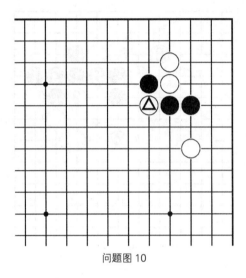

问题图 10

问题11（黑先）

此形黑应该从哪边挡呢？

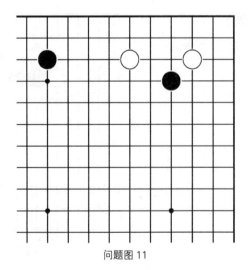

问题图 11

问题12（黑先）

黑应如何破坏白棋的意图呢?

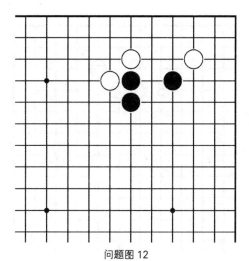

问题图 12

解 答

正解图

黑1断正解。白4粘后，黑5吃住白一子，双方各得其所。

征子有利时黑5在A位曲，可得到先手。

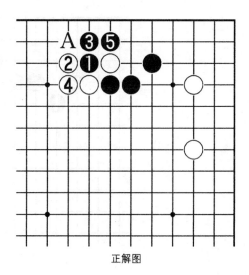

正解图

经过图：

白7如补上边，则黑在7位反夹，两点必得其一。

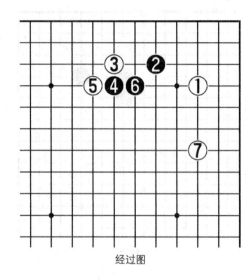

经过图

失败图：

黑1与白2的交换太俗。

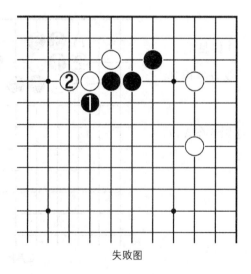

失败图

问题10（黑先）

正解图：

白4与黑5交换后，A位将是双方模样消长的急所。

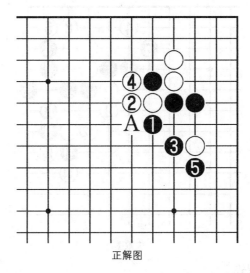

正解图

经过图：

此形形成过程的演示。

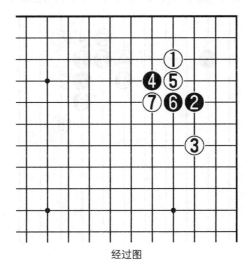

经过图

失败图：

黑1长无理，白2退出后占据主动。

黑7如走8位，则白在7位夹吃黑子。

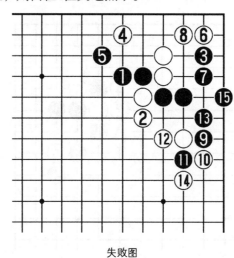

失败图

问题11（黑先）

正解图：

黑1挡正确，以下至黑9止，白△失去了作用。是双方可下的定式。

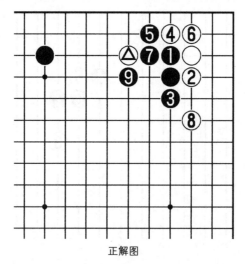

正解图

变化图：

黑1扳恶手。白2以下至白8，等于黑1和白8的交换，太损。此形中白6是好手。白2也可在4位立下。

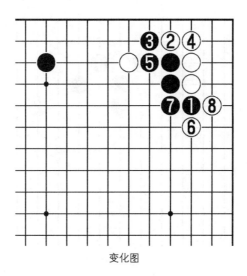

变化图

失败图：

黑1方向有误，⚫没有发挥作用。

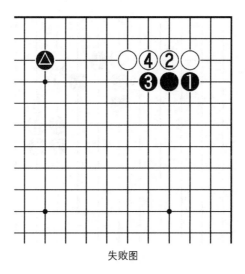

失败图

问题12（黑先）

正解图：

黑1、3正确，以下形成双方转换局面。

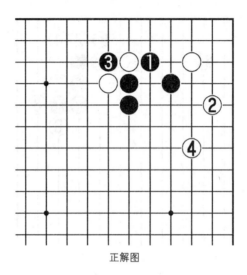

正解图

变化图：

黑1时，白2长不好，黑有3位逼的好手，白被封住。

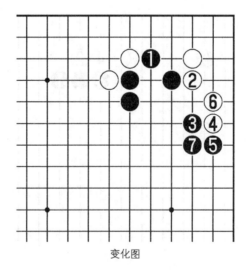

变化图

失败图：

黑1挡不好，以下至黑7止，白⊘两子有很大活力。

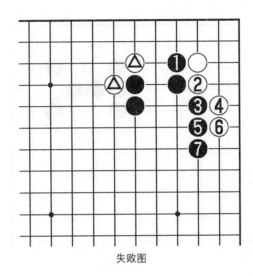

失败图

六级

问题13（黑先）

黑棋如何利用死子而取
得利益。

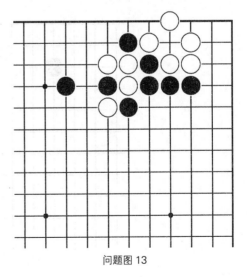

问题图 13

问题14（黑先）

黑有攻守兼备的手段。

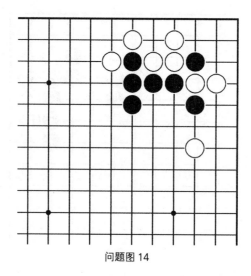

问题图 14

问题15（黑先）

在上面打吃还是在下面打吃？二者结果截然不同。

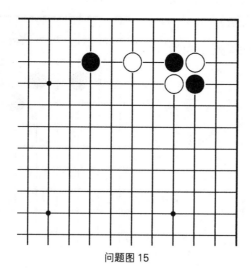

问题图 15

问题16（黑先）

黑怎样走才能取得先手?

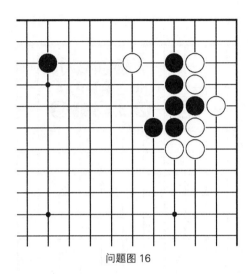

问题图 16

解　答

问题13（黑先）:

正解图:

黑1多弃一子好手，至黑
5双方均是正确的应接。以后
黑A、白B、黑C、白D、黑
E，可将白封住。

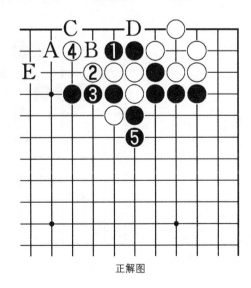

正解图

经过图：

此形形成的过程演示。黑选择此定式，必须在右边有子配合的情况下，方可成立。

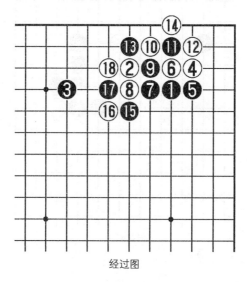

经过图

失败图：

黑1是随手，白2拐后，黑以后毫无利用，黑失败。

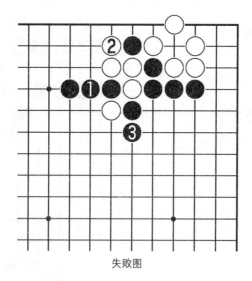

失败图

问题14（黑先）

正解图：

黑1有力，白2曲，黑3扳，白△受到压迫。

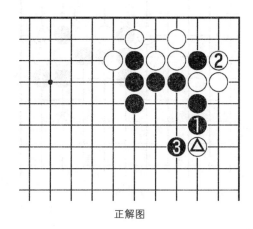

正解图

经过图：

此形形成的过程演示。

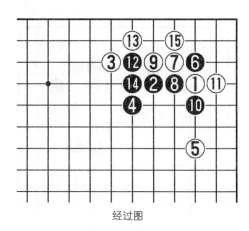

经过图

失败图：

黑1俗手。白2曲后定形，白△毫无压力。

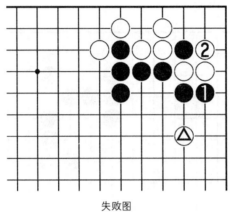

失败图

问题15（黑先）

正解图：

黑1次序正确，以下至白12，黑两边得利。

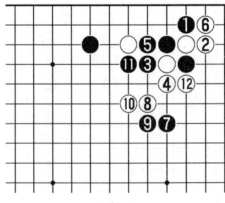

正解图

变化图：

黑重视中腹，可于1位跳，以下至黑5，外势可观。

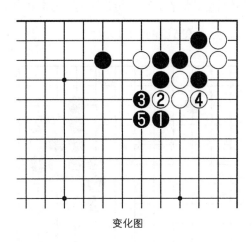

变化图

失败图：

黑在1位打吃次序错误。白2至白8吃住黑一子，外势厚，黑失败。

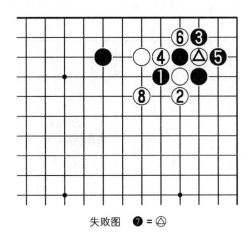

失败图 ❼=△

问题16（黑先）

正解图：

黑1先断，再3位拐，次序正确，至白6，黑先手获利。

白4若在5位扳，黑可在A位断，白无理。

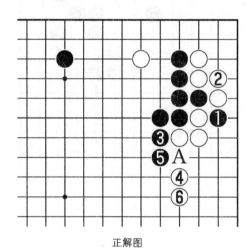

正解图

经过图：

此形形成的过程演示。此形一般在让子棋中，黑经常使用。

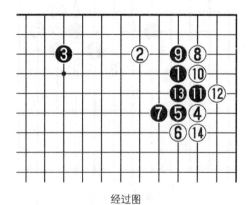

经过图

失败图：

黑1时白2是好手，黑3挡后，白4可扳头，黑大损。

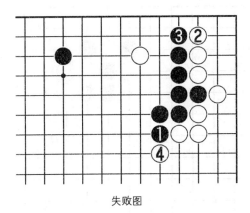

失败图

五　级

问题17（黑先）

局面较为复杂，要谨慎落子。

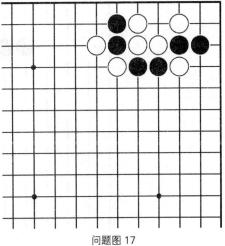

问题图 17

问题18（黑先）

黑能够在获得先手的前提下处理好此形才算成功。

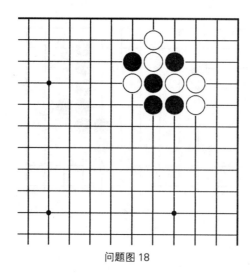

问题图 18

问题19（黑先）

对于白△的跳出，怎样应对更为有力？

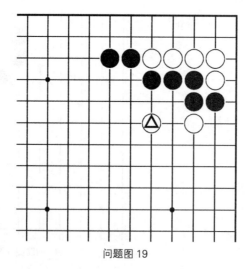

问题图 19

问题20（黑先）

白是富有弹性的形，黑如处理不好，就会被白借用。

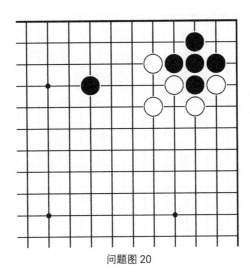

问题图 20

解答

问题17（黑先）

正解图：

黑1正确，以下至白4是常用定式。

在征子有利的场合，黑1也可以走2位曲。

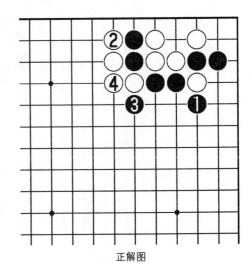

正解图

经过图：

此形形成的过程演示。

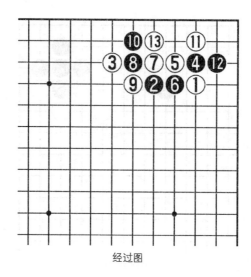

经过图

失败图：

黑1、3恶手。白2粘后外势坚实，以后还有A位的先手便宜，且黑成后手。

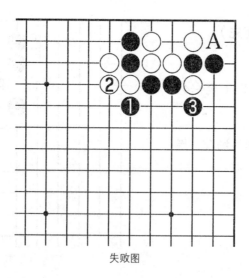

失败图

问题18（黑先）

正解图：

黑1好手。白2时，黑3提一子外势厚。

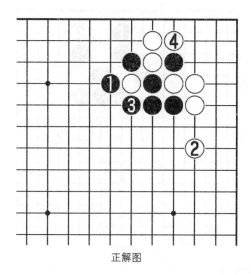

正解图

经过图：

此形形成的过程演示。黑征子不利时在8位粘的走法不能成立。

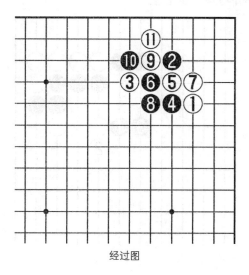

经过图

失败图：

黑1挡是凑着，以下至黑5止，白得到先手。和正解图相比，等于黑又走了一步黑1挡的后手。

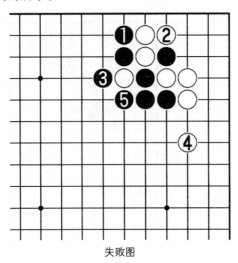

失败图

问题19（黑先）

正解图：

黑1靠、黑3并巧妙，棋形生动。

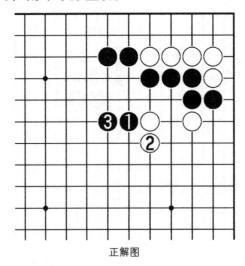

正解图

变化图：

黑1时白改在2位扳，黑3以下至黑7的应接正确，黑形也很厚。

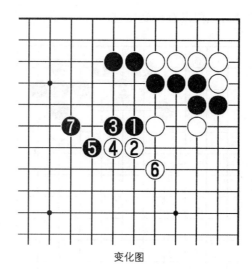

变化图

失败图：

黑1镇头则太薄，白可在2、4位尖出。

此形黑不能脱先，否则白在2位尖，黑3粘，白A位跳出后黑形崩溃。

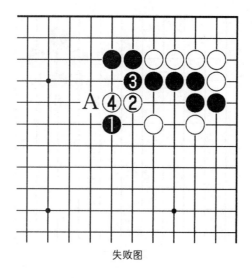

失败图

问题20（黑先）

正解图：

黑1、3渡过轻巧，白没有得到便宜。

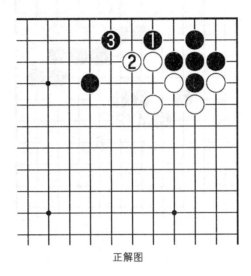

正解图

经过图：

此形形成的过程演示。

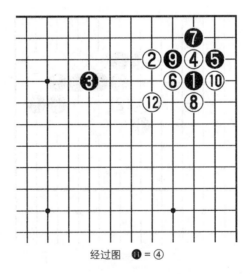

经过图　⑪＝④

失败图：

黑1、3的刺不好。以下至黑7黑虽然也取得了联络，但白却借机筑起了一道厚壁。

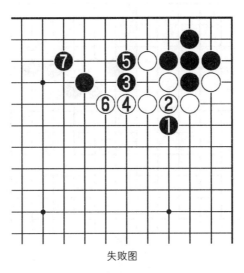

失败图

四　级

问题21（黑先）

这是根据"小雪崩"定式演变的另一种常形，轮到黑走，应在何处着子？

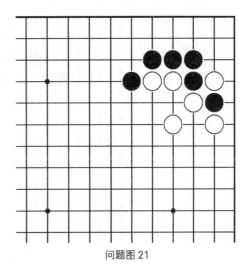

问题图 21

问题22（黑先）

白△贴住，黑二子已难再逃，怎样利用黑两子取得利益呢？

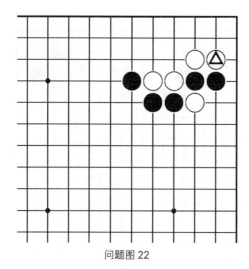

问题图 22

问题23（黑先）

白△横顶，黑如何应对颇具艺术性。

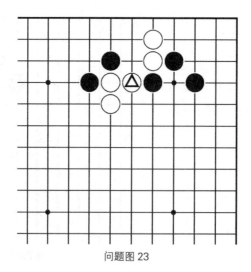

问题图 23

问题24（黑先）：

白△跳是实战中常见的走法，黑的应手值得考虑。

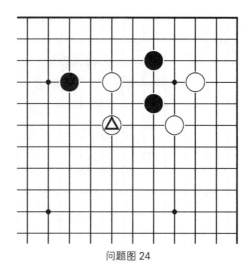

问题图 24

解 答

问题21（黑先）

正解图：

黑1靠是要点，以后黑在

3、5位先手利用，外势厚。

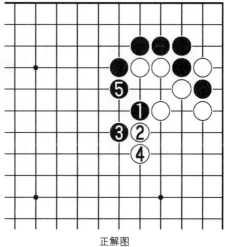

正解图

经过图：

此形形成过程的演示。

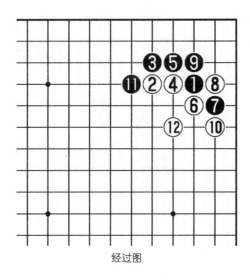

经过图

失败图：

黑1与白2的交换大损。

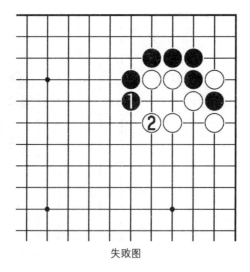

失败图

问题22（黑先）

正解图：

黑1关键，以下是漂亮地弃子，结果黑可以满意。

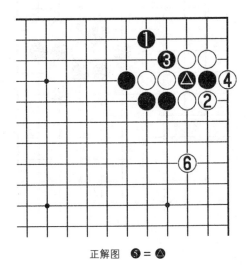

正解图　❺＝▲

经过图：

此形形成过程的演示。

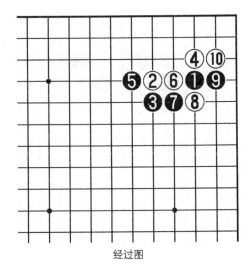

经过图

失败图：

黑1俗手。白4断后黑崩溃。

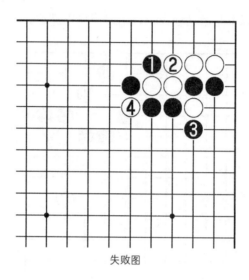

失败图

问题23（黑先）

正解图：

黑1与白2交换后，以后黑可伺机走A位或B位。这是轻灵的好手。

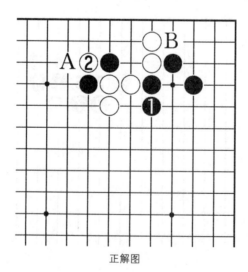

正解图

经过图：

此形形成的过程演示。

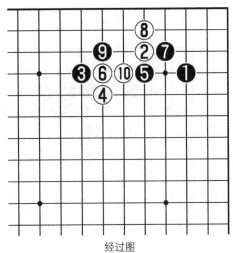

经过图

失败图

黑1太重。

白2至白10先手将黑包住。

白12吃黑一子外势厚壮，白明显便宜。

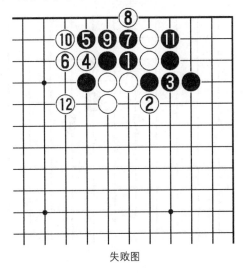

失败图

问题24（黑先）

正解图：

黑1托稳妥，以下进行至黑7，黑弃一子而取得实利。

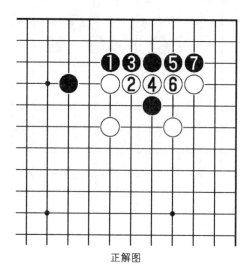

正解图

经过图：

此形形成过程的演示。

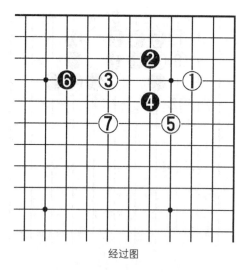

经过图

失败图：

黑1是俗手，白2顺势长出，实利很大。以后黑7时白在8位跳出，黑无奈。

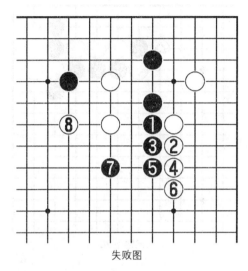

失败图

三 级

问题25（黑先）

白△贴住试黑应手，黑要冷静。

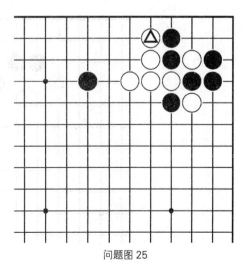

问题图 25

问题26（黑先）

白△打吃，这是有名的"大雪崩"定式，黑不能有丝毫大意。

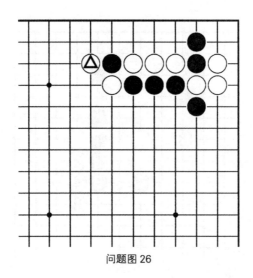

问题图 26

问题27（黑先）

白△长，黑应如何应对？这是实战中的常形。

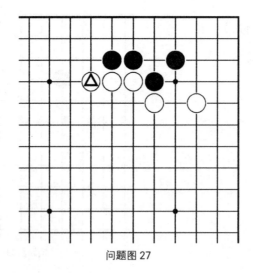

问题图 27

问题28（黑先）

利用白的缺陷，筑起雄壮的外势，应是黑的最佳选择。请注意先后次序。

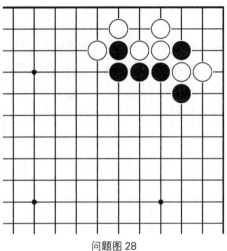

问题图 28

解　答

问题25（黑先）

正解图：

黑1是冷静的应手，白2、4后手吃两子，形成转换。

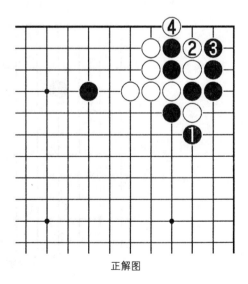

正解图

经过图：

此形形成的过程演示。

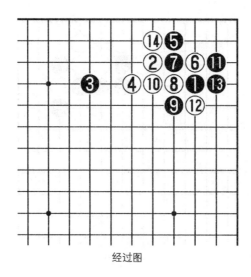

经过图

失败图：

黑1提太小，白在2位打吃，白好。

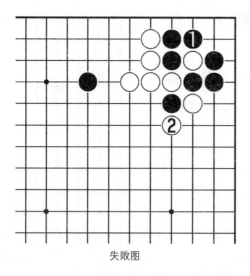

失败图

问题26（黑先）

正解图：

黑1先拐，再3位立，次序正确，以下至白16，双方均是最好的应手，各得其所。此形是实战中最常见的"大雪崩"定式。

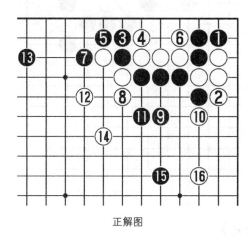

正解图

经过图：

此形形成的过程演示。

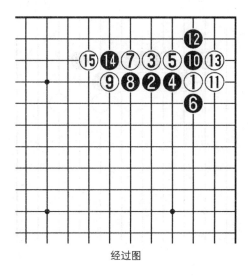

经过图

119

失败图：

黑1次序错误。白6长出后，A、B两点见合。

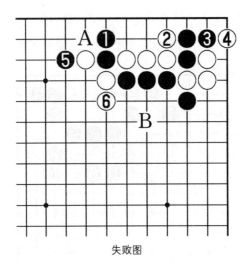

失败图

问题27（黑先）

正解图：

黑1与白2交换后，在3位跳出，正确。

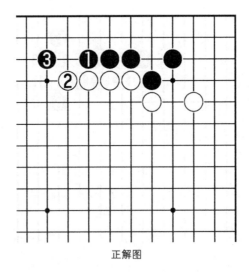

正解图

经过图：

此形形成的过程演示。

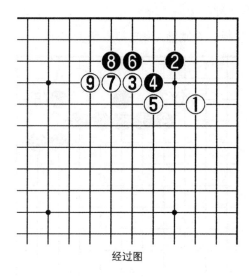

经过图

失败图：

黑1恶手。白8后，黑无以应对。

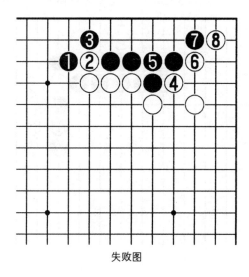

失败图

问题28（黑先）

正解图：

黑1、3、5次序好。筑起了厚势。

白2不能在3位板，否则黑A将吃掉白角上二子。

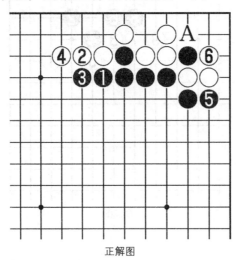

正解图

变化图：

黑1以下至白6，双方均是最好的应手，各得其所，也是两分。

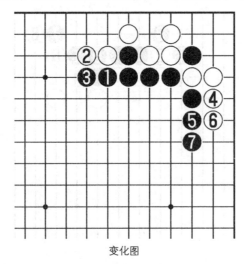

变化图

经过图：

此形形成的过程演示。

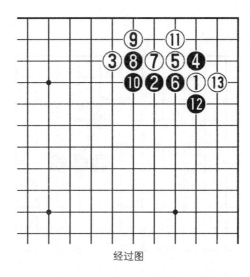

经过图

失败图：

黑先走1位次序错，白2以后可以毫无顾虑地在4位扳，黑失败。

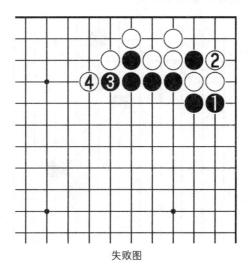

失败图

二级

问题29（黑先）

黑有侵角的手段吗？

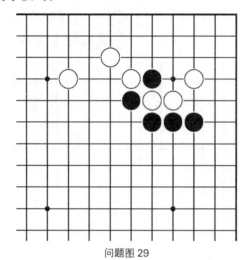

问题图 29

问题30（黑先）

黑似乎处在困境，如何解脱呢？

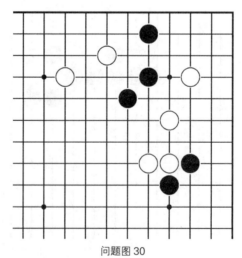

问题图 30

问题31（黑先）

黑如何利用白角上的缺陷取得利益？

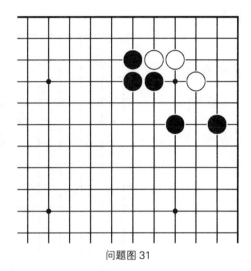

问题图 31

问题32（黑先）

白△扭断，局面比较复杂，要细心寻找正确的应手。

注意，关键时要敢于腾挪。

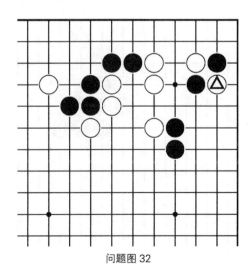

问题图 32

解 答

问题29（黑先）

正解图：

黑1、3是侵角的常用手
筋。

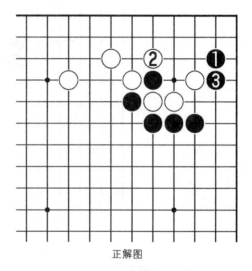

正解图

经过图：

此形形成的过程演示。

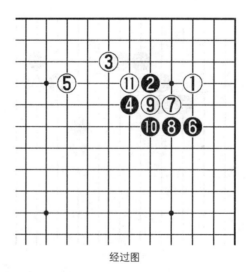

经过图

失败图：

黑1恶手。白2后黑一子被困，毫无后续手段。

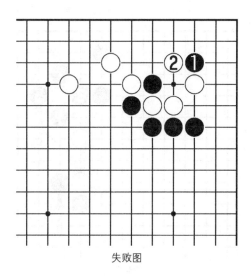

失败图

问题30（黑先）

正解图：

黑1至黑7弃一子将角走实，黑可以满意。

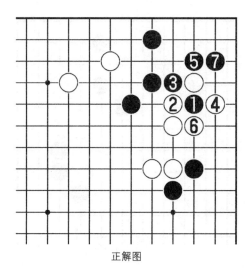

正解图

变化图：

黑1时，白改走2位，黑3至黑7吃白一子，转换后双方可下。

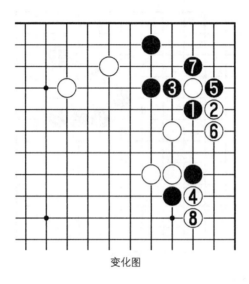

变化图

失败图：

黑1是俗手，白2挡后，黑一切手段全无。

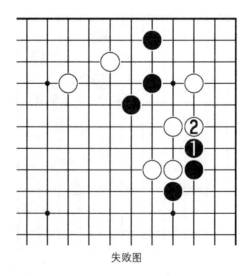

失败图

问题31（黑先）

正解图：

黑1妙手，以下至白12，黑好。

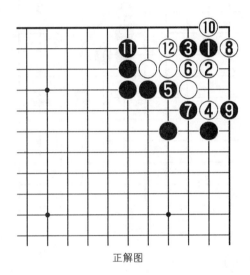

正解图

经过图：

白8脱先，黑9跳下后的形。

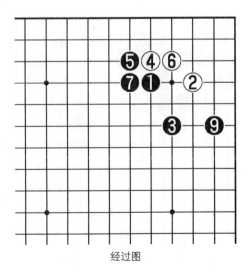

经过图

失败图：

黑1不当。白2占据了要点，角上毫无利用。

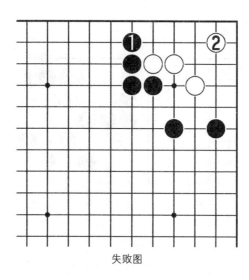

失败图

问题32（黑先）：

正解图：

黑1、3将角上巩固。白4时，黑弃子在5位打吃，至9后黑可以满意。

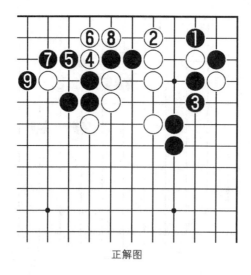

正解图

变化图：

黑1时，白改在2位打吃，以下至黑7渡过，黑也可下。

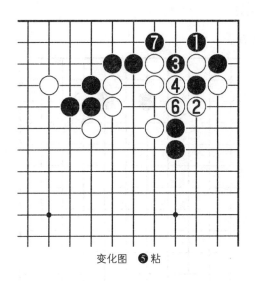

变化图　❺粘

失败图：

黑1不当，结果被白先手利用。

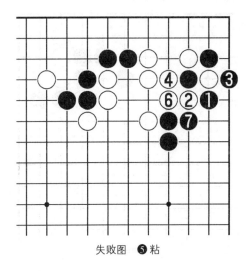

失败图　❺粘

一 级

问题33（黑先）

黑有轻灵的着手。

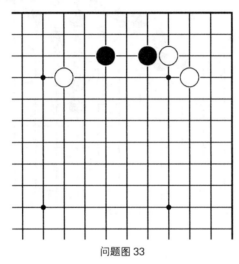

问题图 33

问题34（黑先）

对于精通计算的人，并不算难题。

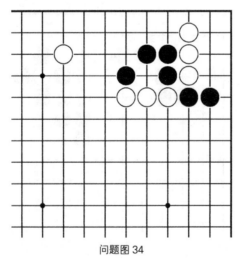

问题图 34

问题35（黑先）

白△跳出，黑应下在哪里呢?

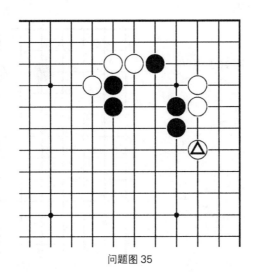

问题图 35

问题36（黑先）

黑要寻求轻灵的着手。

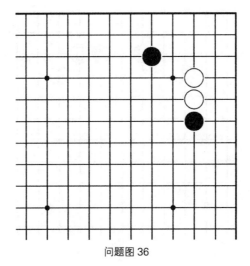

问题图 36

解答

问题33（黑先）

正解图：

黑1至黑7次序好，黑可
以满意。

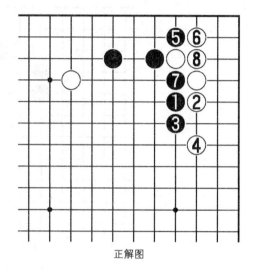

正解图

经过图：

此形形成的过程演示。

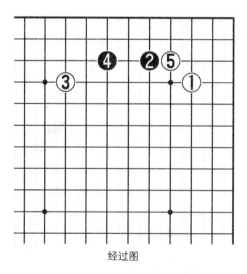

经过图

失败图：

黑1长太重。

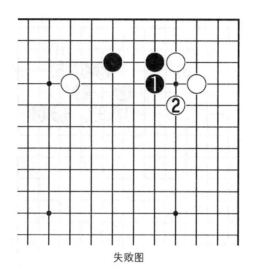

失败图

问题34（黑先）

正解图：

黑1正确，至黑5将白三子吃掉。

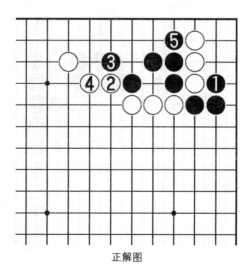

正解图

经过图:

此形形成的过程演示。

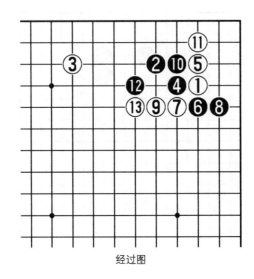

经过图

失败图:

黑1恶手,至白8后,黑数子被吃。

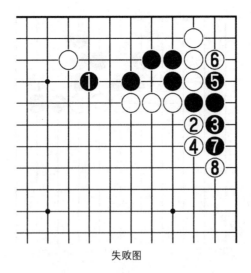

失败图

问题35（黑先）

正解图：

黑1看似平凡，却是严厉的手筋。白两边必失其一。

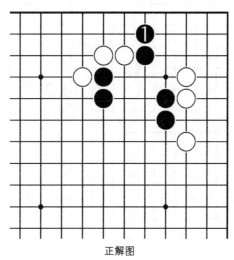

正解图

变化图：

黑1时，白在2位补，黑3断，白难以应对。

白若不走2位，黑A、白B、黑C后，白角上难保。

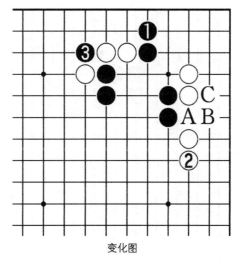

变化图

经过图：

白11跳不好。白应走A位长。

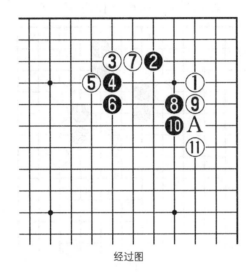

经过图

失败图：

黑1是凑着，白2补后黑失去了其他利用，白跳出反而成了好棋。

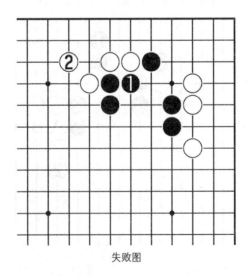

失败图

问题36（黑先）

正解图：

黑1尖，是关键的好手，黑11扳也是关键，否则白在11位立下很大。

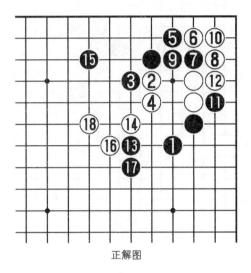

正解图

经过图：

此形形成的过程演示。

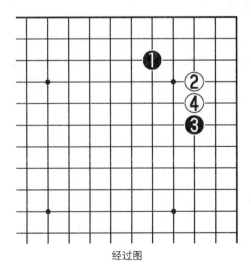

经过图

失败图：

黑1长太重。以下至白6止，白有A、B两点见合的好手。

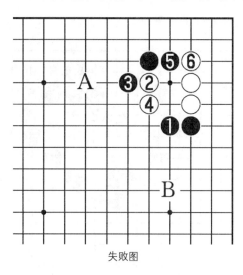

失败图

初段

问题37（黑先）

这是常见的"大雪崩"外拐定式，白断后，黑应如何下子？请认真思考一下。

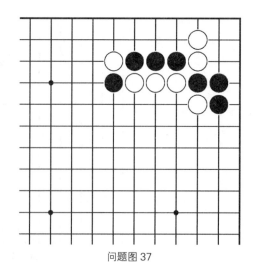

问题图 37

问题38（黑先）

此图是着数较多的定式。黑的下一手很关键。

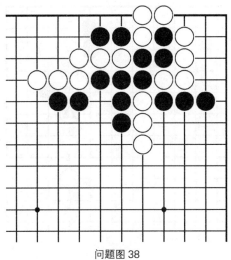

问题图 38

问题39（黑先）

这是"大斜"定式的一种变化。白△顶后，黑的急所在哪里？不可随手。

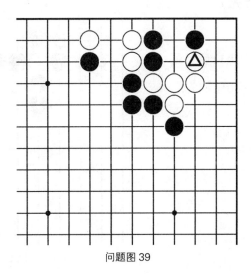

问题图 39

问题40（黑先）

现白△飞后，黑有很好的手筋。第一手是很关键的。

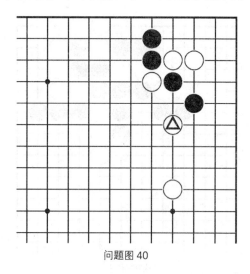

问题图 40

解答

问题37（黑先）

正解图：

黑1正确，至黑11后黑可根据情况走A位或B位的先手利用。

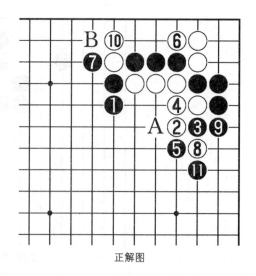

正解图

经过图：

此形形成的过程演示。

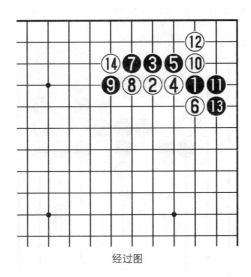

经过图

失败图：

黑1是随手，以下至白10止，黑稍损。

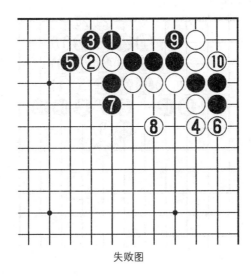

失败图

问题38（黑先）

正解图：

黑1、白2均是双方最为巧妙的应接。

此形之后，白A，黑B，形势两分。

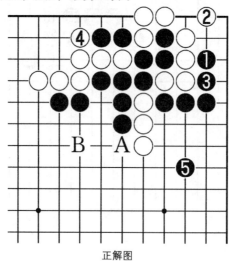

正解图

经过图：

此形形成的过程演示。

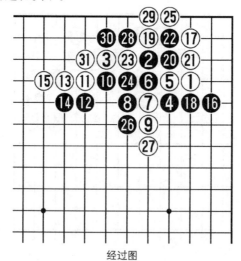

经过图

失败图：

黑1是俗手，白2挡后，黑不但眼位不足，而且目数相差很多。

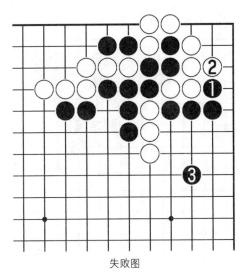

失败图

问题39（黑先）

正解图：

黑1好手。白2扳是必然的，否则黑有A位挖的强手。以下至黑5，黑好。

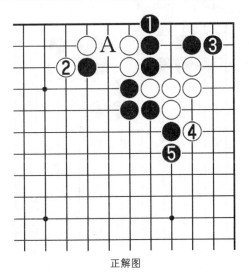

正解图

经过图：

白14有些无理。

白12如在A位长，黑有B位跳的好手。

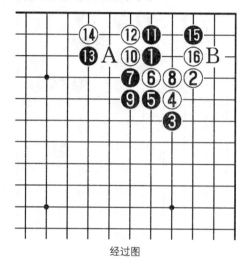

经过图

失败图：

黑1、3的走法显然是错误的。

对于黑1的扳，白2也有在3位断的手段。

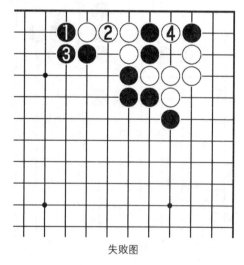

失败图

问题40（黑先）

正解图：

黑1托绝妙，白2没办法。黑5是好手，以下弃子成必然，至黑15形成黑外势、白实利的定式。黑稍好。

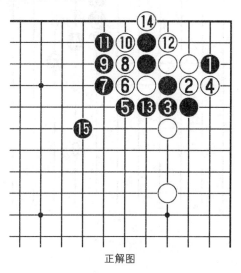

正解图

变化图：

白2扳无理，黑5弃二子手筋，以下至黑13白明显不行。

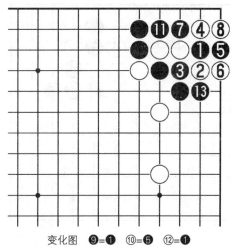

变化图 ❾=❶ ⑩=❺ ⑫=❶

经过图：

此形形成的过程演示。

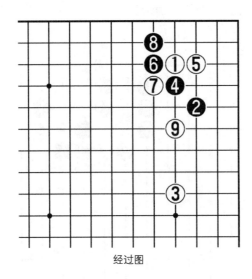

经过图

失败图：

黑1打吃缺少手段，白4拐后，黑二子被吃，黑失败。

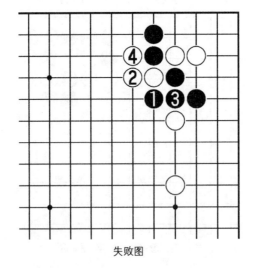

失败图

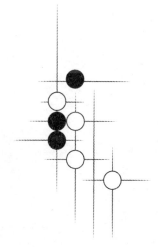

九　级

问题1（黑先）

此局是让子棋的形。现在白△小飞侵角，黑有很严厉的手段。

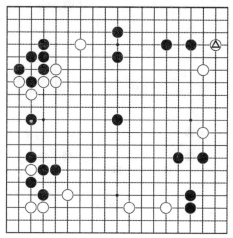

问题图1

问题2（黑先）

黑●与白△交换实利很损，下一手应下在哪里？

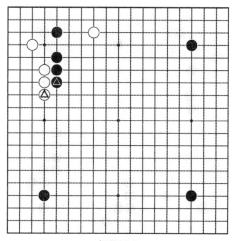

问题图2

问题3（黑先）

黑如何攻击左下白△的一子。

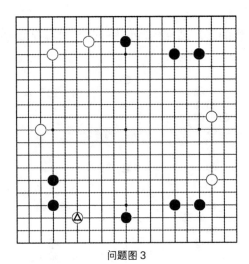

问题图 3

问题4（黑先）

此形黑上边星位一子是焦点，黑应如何处理?

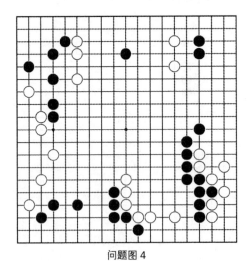

问题图 4

解 答

正解图：

因白△飞角无理，黑1打入严厉。以下至黑5，右边白子被孤立，黑可战。

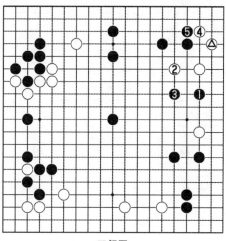

正解图

失败图：

黑1软弱。白2以后，形成了很好的配合。

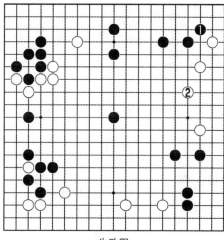

失败图

问题2（黑先）

正解图：

黑在1位夹攻白一子正确，至黑7止，黑吃住白一子，外势很厚。

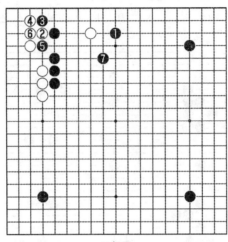

正解图

失败图：

黑1是恶手。白2顺势拆出。至白8，黑一无所获。以后，白A、黑B、白C、黑D、白E，黑大块无根。

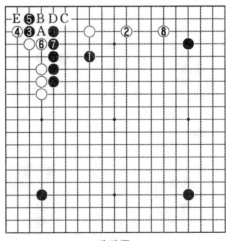

失败图

问题3（黑先）

正解图：

黑1尖顶紧凑。白2时，黑在3位逼攻，然后于5位跳起，白全局薄。

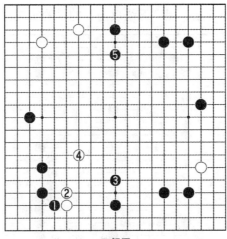

正解图

失败图：

黑1虽也是要点，但太松。白4以下弃子在12位补强，黑左边不大。

黑3如走A位，白则在9位靠。

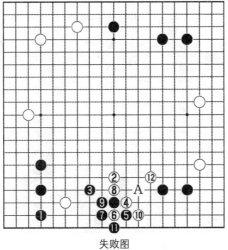

失败图

问题4（黑先）

正解图：

黑1是攻击的要点，先把白的根据地夺走。

白2尖出，黑3分断，黑"缠绕攻击"的目的实现。

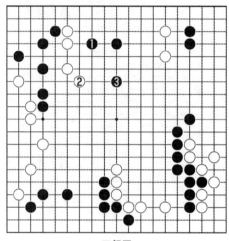

正解图

失败图：

黑1跳太松。白在2位联络。

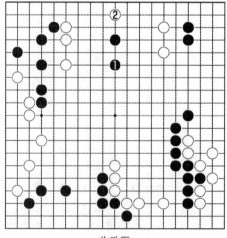

失败图

八 级

问题5（黑先）

白△点角后，黑应该从哪面挡？

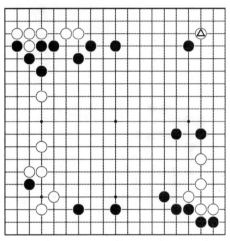

问题图 5

问题6（黑先）

黑●与白△交换后，黑的下一手如何与●位的打入保持一致呢？

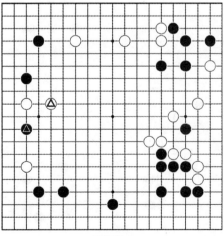

问题图 6

问题7（黑先）

白△引征，黑如何应？

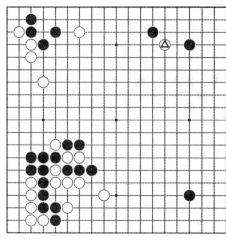

问题图 7

问题8（黑先）

白△点三三是让子局中常用的手段，黑怎样应才能获得最佳效果？

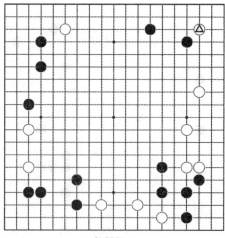

问题图 8

解答

问题5（黑先）

正解图：

黑1挡正确。白4扳时，黑5长是要点，以下进行至黑11，黑与▲两子配合好。

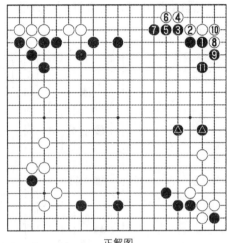

正解图

失败图：

黑1方向有误，应在宽广的一面挡。以下进行至11，黑▲效率很低，而且白上边有A位飞的手段。

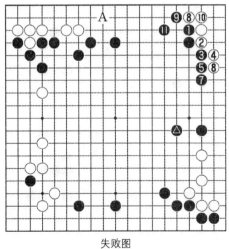

失败图

问题6（黑先）

正解图：

黑1尖顶和打入的方针是一致的，不让白侵角取得根据地。以下至黑

5，黑可战。

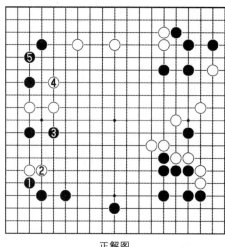

正解图

失败图：

黑1跳不好，白2镇后黑▲被困，以后白还有A位侵角的手段。

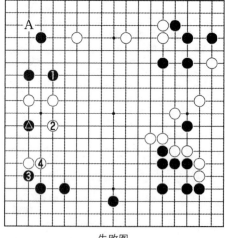

失败图

问题7（黑先）

正解图：

黑1提两子味道好且厚。白2必然，黑3以下的攻击可以把上边的损失补回来的。

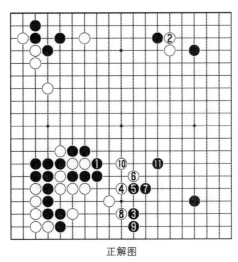

正解图

失败图：

黑1不简明，白2必然，以下双方成混战，且白有A、B位的余味。

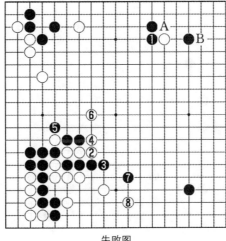

失败图

问题8（黑先）

正解图：

黑1挡是场合好手。黑5长出后，再于7位尖顶，9位夹攻，是黑简明的形势。

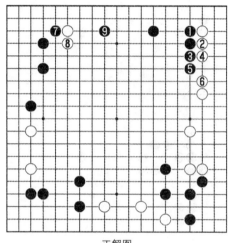

正解图

失败图：

黑1挡虽是常识，但此时运用不当。至白4，黑厚势面对白△，效益极小。

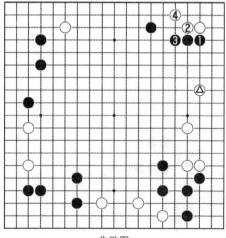

失败图

七 级

问题9（黑先）

白△小飞后，黑的靠下已不能成立，走在哪里合适呢?

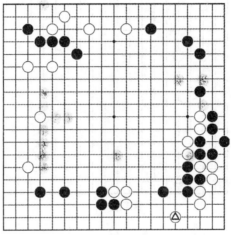

问题图 9

问题10（黑先）

白△粘，黑的下一手关系形的问题，要注意次序问题。

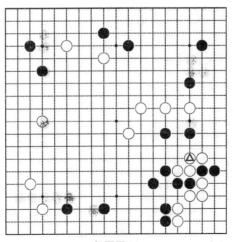

问题图 10

问题11（黑先）

白△是常用的侵角手段，黑可根据全盘形势选择应手。

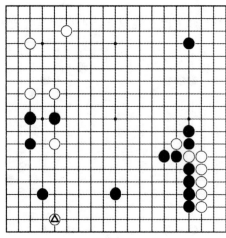

问题图 11

问题12（黑先）

对于白△扳，黑如何应？重点是大局感的问题。

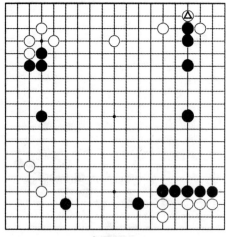

问题图 12

解　答

问题9（黑先）

正解图：

黑1好手，白若从下面渡过，黑可吃掉上面一团白子，白只好在2位补。黑3靠下后白三子孤立。

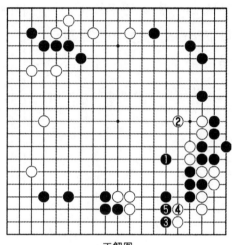

正解图

失败图：

黑1贪图小利，白2、4先手利用后再在6位跳，攻防逆转。

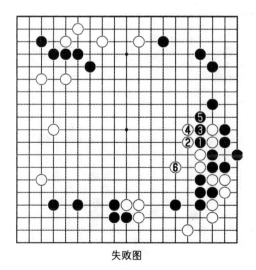

失败图

问题10（黑先）

正解图：

黑1曲是弃子的妙手，白2只好退，黑3、5顺势贴下，以下至白6，黑弃子包封成功。

以后黑A、B均是先手。

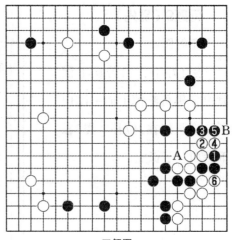

正解图

失败图：

黑1跳俗手。白2挡后，黑再无法利用，白味道好。

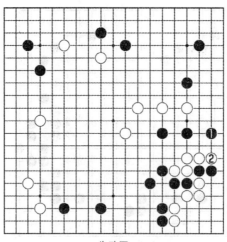

失败图

问题11（黑先）

正解图：

黑1是注重全局的好手，以下至黑9，中腹模样可观。

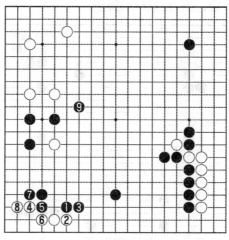

正解图

失败图：

此图黑的潜力未能得到发挥。

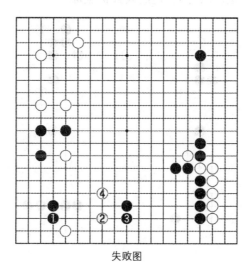

失败图

问题12（黑先）

正解图：

黑1是注重大局的好手。

黑5与白6交换后，黑7是模样的要点。

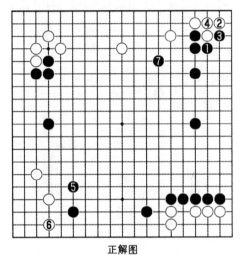

正解图

失败图：

黑1扳不好，至白6，黑右边的模样被破坏。

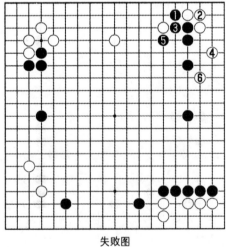

失败图

六级

问题13（黑先）

白△拆逼过分，黑有强硬的手段。

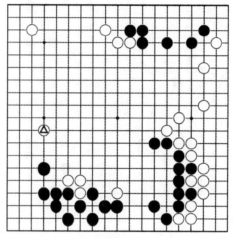

问题图 13

问题14（黑先）

此局面布局即将进入中盘，哪里是双方攻防的要点呢？

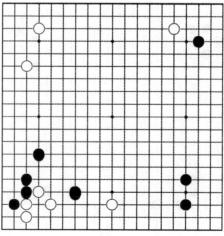

问题图 14

问题15（黑先）

白⊘小飞守边，黑如何应？这是常见的形。

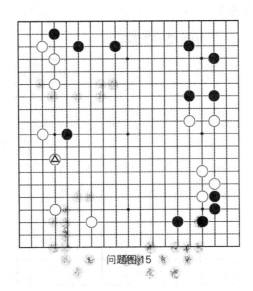

问题图15

问题16（黑先）

黑如何侵消白上边的模样是此形的焦点。

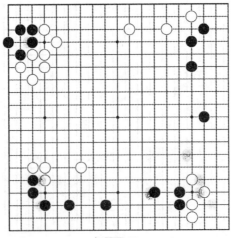

问题图 16

解 答

问题13（黑先）

正解图：

黑1的打入正确，以下进行至黑11，黑弃分利用了厚势，优势明显。

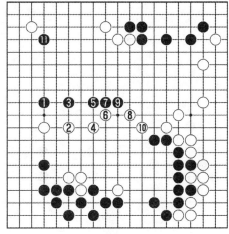

正解图

失败图：

黑1以下围空太小，不符合"厚势不能用来围空"的棋理。

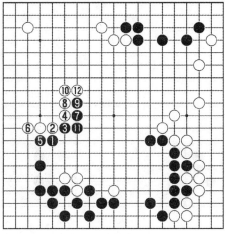

失败图

问题14（黑先）

正解图：

黑1、3强化右边。白4是必然的，黑5夹后大满足。

黑▲很轻。

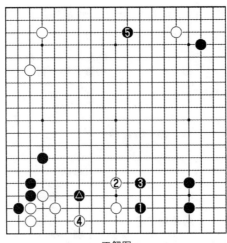

正解图

失败图：

黑1不是急所，白2后，黑▲毫无意义。

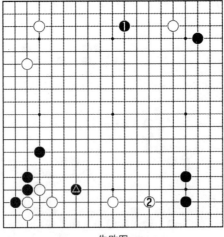

失败图

问题15（黑先）

正解图：

黑1在三三位侵角是常识的一手。黑5碰是手筋。以下至黑15黑活角。黑▲和白△的交换黑好。

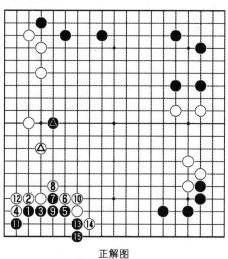

正解图

失败图：

黑1错误。白2立下后角上实利很大。

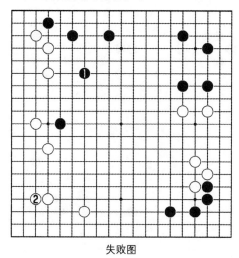

失败图

问题16（黑先）

正解图：

黑1是侵消白模样的常用手段，至黑5，白模样顿时变小。

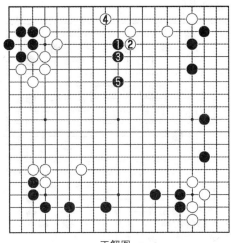

正解图

变化图：

黑1时，白改在2位挡，黑3以下至黑9也是常见下法，白无法攻击黑棋。

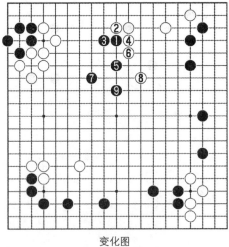

变化图

失败图：

黑1打入太深，白4后，黑不但苦，而且白还有A位靠劫杀黑角的手段。

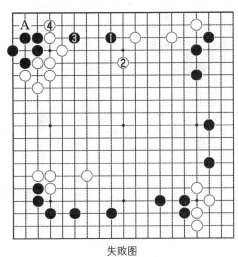

失败图

五 级

问题17（黑先）

此形白方有不完备之处，黑方应如何攻击？

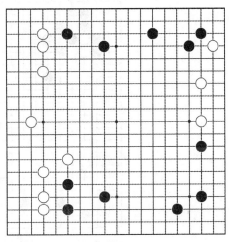

问题图 17

问题18（黑先）

白△后，黑如何轻灵地处理被困的一子？

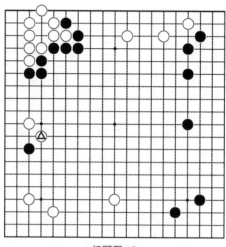

问题图 18

问题19（黑先）

发挥黑左上的厚势进行攻击，是此局面的关键，应从何处着手呢？

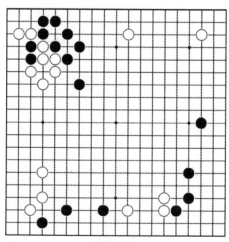

问题图 19

问题20（黑先）

白△爬，是常见的点三三定式中的变化，黑应根据全局来选择应手。

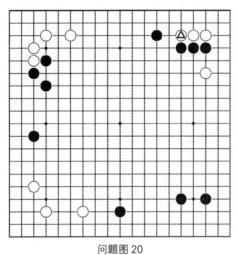

问题图 20

解　答

问题17（黑先）

正解图：

黑1极大，不但把白的根据地夺走，而且有十八目的官子价值。

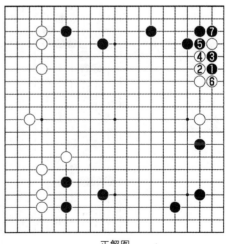

正解图

失败图：

黑1效率很低。白2打入后黑的大模样被破坏。以后白A长很大。

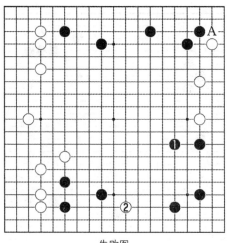

失败图

问题18（黑先）

正解图：

黑1碰是常用手筋，以求好调子。以下至黑9黑获得安定。

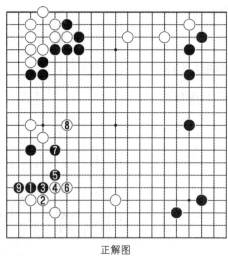

正解图

失败图：

黑1太重，白2以后黑棋形不好。

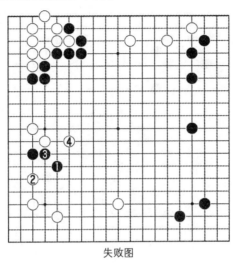

失败图

问题19（黑先）

正解图：

黑1好点，逼迫白在2、4位跳出，至黑5定形，黑充分发挥了左上角的厚势，调子好。

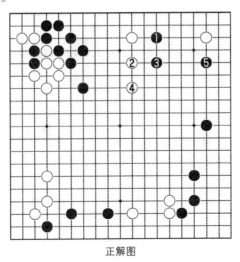

正解图

失败图：

黑1太松，白2、4后，黑形不好。

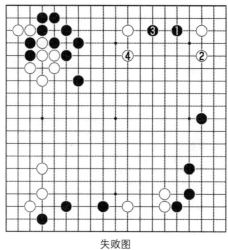

失败图

问题20（黑先）

正解图：

黑1扳好手。因白左上边有△，双方均难以成空。黑7连扳漂亮，以下至黑11黑大功告成。以后可视情况走A或B位。

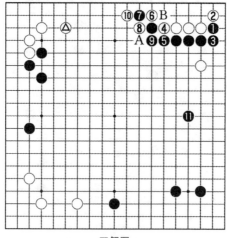

正解图

失败图：

黑1虽是常识，但在此形中却不适用。以下进行至白12，由于有白△的作用，黑厚势得不到发挥。

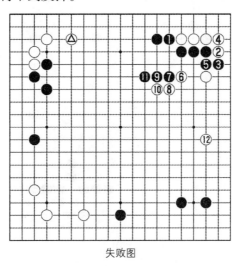

失败图

四　级

问题21（黑先）

此局面是进入中盘大模样的开始，黑应如何发挥△两子的作用？

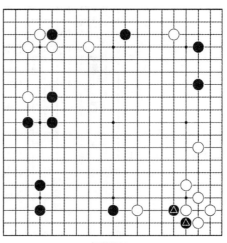

问题图 21

问题22（黑先）

此局面的必争点在哪里？

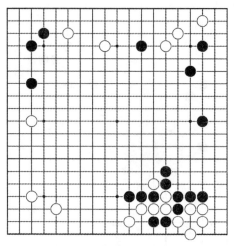

问题图 22

问题23（黑先）

要点何在？

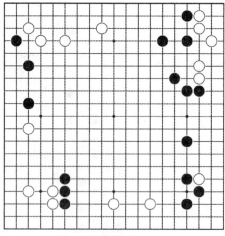

问题图 23

问题24（黑先）

白△飞出后，黑应首先判断一下形势，然后再落子。

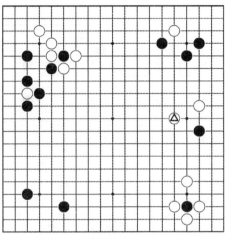

问题图 24

解 答

问题21（黑先）

正解图：

黑1靠是配合左边模样的关键一手。白2是必然的。以下至黑7，黑的大模样作战成功。

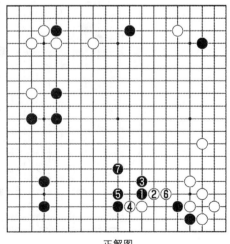

正解图

失败图：

黑1逃跑太重。白2、4顺势出头，黑的模样自然难以形成。且黑右下的四子靠近白厚势，大坏。

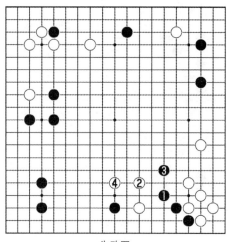

失败图

问题22（黑先）

正解图：

黑1跳是局面的必争点，白2尖绝对。黑3顺势尖出后，右边的模样可观。

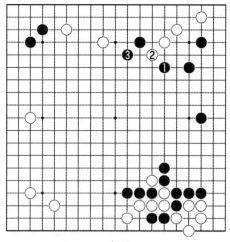

正解图

失败图：

黑1以下虽然也很大，但白6跳后，消了黑的大模样，并留有A位靠的手段。

黑△的位置显然也不好。

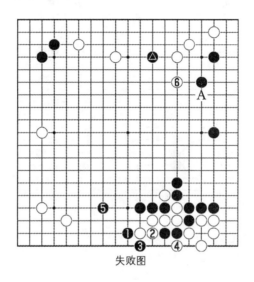

失败图

问题23（黑先）

正解图：

黑1镇是一石二鸟的好手。一是加强了黑左下的三子；二是让白二子靠近右边的厚势。白2跳出必然，黑3试应手，以下至黑13黑中央厚实可战。

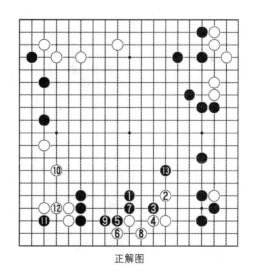

正解图

失败图：

黑1方向错误。白2出头后，黑三子顿时变薄。

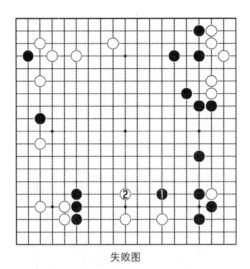

失败图

问题24（黑先）

正解图：

黑1挡，大局判断正确，白2飞，黑3拆，局面黑领先。

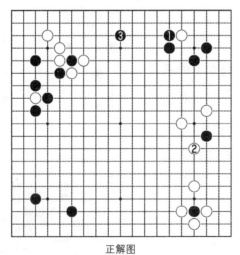

正解图

失败图：

黑1太重，因白右下角太厚，黑失败。

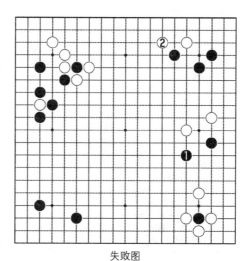

失败图

三　级

问题25（黑先）

此局面是关系双方大模样的关键时刻，要紧的是下一手。

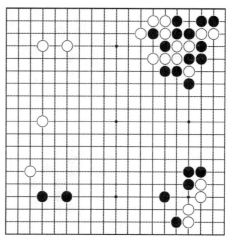

问题图 25

问题26（黑先）

请考虑打破常规的下法。

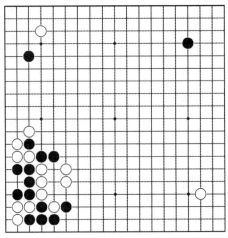

问题图 26

问题27（黑先）

白△跳后，黑如何随着节奏而走呢？

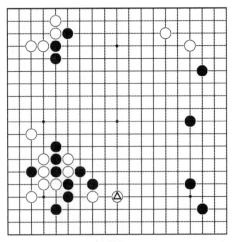

问题图 27

问题28（黑先）

白在⊘位攻，黑要预判白的意图，做出准确的应对。

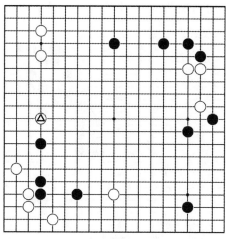

问题图 28

解　答

问题25（黑先）

正解图：

1位是双方的急所，即"天王山"。白2如在3位退，黑在7位飞，继续扩张势力。以下至黑11，黑外势雄大，绝对优势。

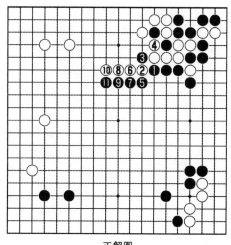

正解图

失败图：

黑1虽是大场，但却不是此时的急所。白2以后在4位压长至白10，形成雄大的阵势。与正解图比，黑白形势相比一目了然。

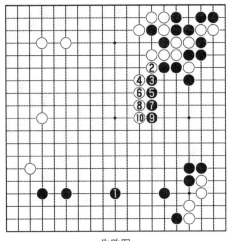

失败图

问题26（黑先）

正解图：

因有黑▲的关系，黑1先压，再于3、5位扳长，回头在7位攻，和▲形成很好的配合。

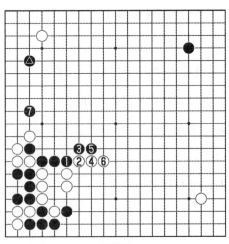

正解图

失败图:

黑1以下走法虽是常识,但全局观念不强。

白2正好在拆的同时夹攻黑⚫。

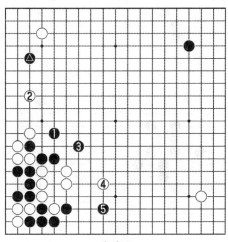

失败图

问题27(黑先)

正解图:

黑1逼是攻守兼备的手段。白2虎时,黑3跳,调子绝好。

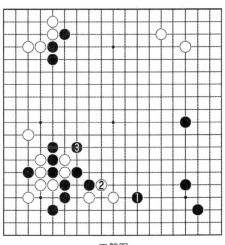

正解图

失败图：

黑1太消极，还不如走A位。白2占据了要点。

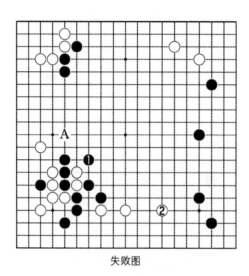

失败图

问题28（黑先）

正解图：

黑1夹攻有魄力，白2跳后，黑再于3位缠绕攻击，调子好。

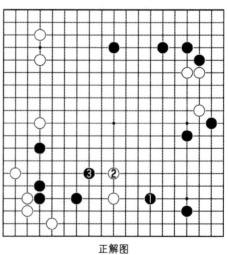

正解图

失败图：

黑1太松，被白2抢占了要点，白畅快。

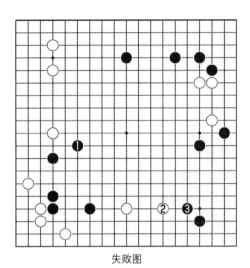

失败图

二 级

问题29（黑先）

黑应充分发挥棋形厚的

优势。

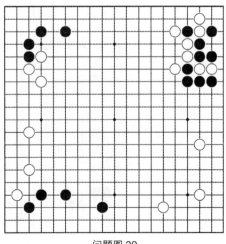

问题图 29

问题30（黑先）

白△并后，黑如何应？

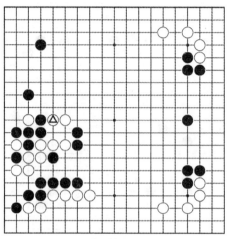

问题图30

问题31（黑先）

白△在上面靠，黑考虑一下周围的情况，再选择应手。

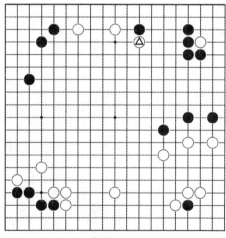

问题图31

问题32（黑先）

对于白△的侵消，黑应该下在哪里？

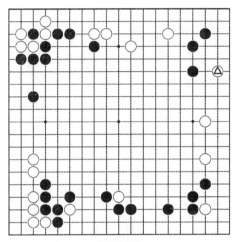

问题图 32

解　答

问题29（黑先）

正解图：

黑利用右上厚势的作用，在1位打入，可战。白2尖时，黑3碰是好手，以下至白14，黑先手活角，白外势的作用不大。

白4如在13位扳，黑可于4位断，腾挪。

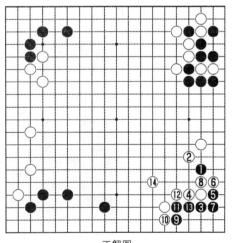

正解图

失败图：

黑1拆不好，白2跳正好补角。上边黑如走A位，白B虎补，因黑△处于低位，意义不大。

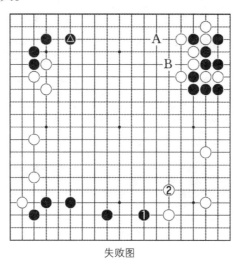

失败图

问题30（黑先）

正解图：

黑1飞是要点，以下黑3、5连跳，在中央构成理想的大模样。

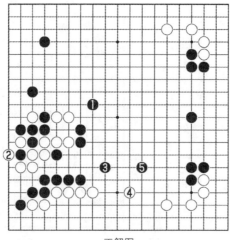

正解图

失败图：

黑1是不紧要的大场，白2占据了双方的要点。

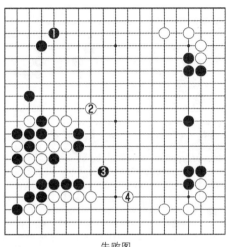

失败图

问题31（黑先）

正解图：

因为黑周围很厚，黑1的扳强烈，以下至黑15，白苦战。

其间白4如在13位打吃，黑4提，白12，黑压一手太厚。

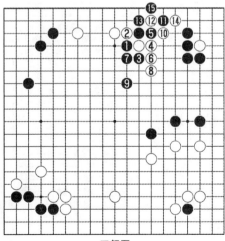

正解图

失败图：

黑1、3太软。不能发挥厚势的作用，失败。

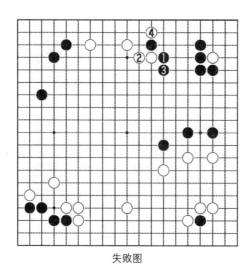

失败图

问题32（黑先）

正解图：

黑1碰是实战中常用的手筋，白无好应手。白2扳时，黑3连扳严厉，以下至黑9，黑成功。

白4如在7位粘，黑4粘，白一子被吃。

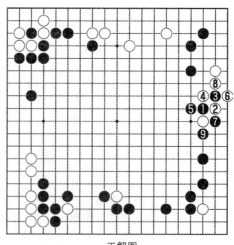

正解图

失败图：

黑1、3俗手，一无所获。

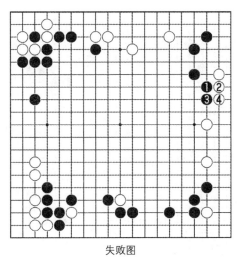

失败图

一　级

问题33（黑先）

白⑤侵消，此际黑很厚，如何攻白？

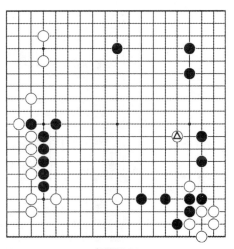

问题图 33

问题34（黑先）

本形有大场和急所之分。白△后，黑要根据作战理论寻找急所。

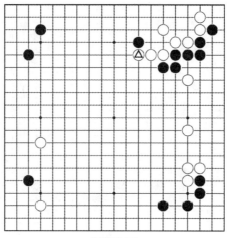

问题图 34

问题35（黑先）

白△打入，黑如何应？

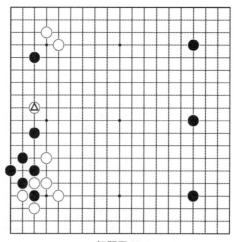

问题图 35

问题36（黑先）

黑如何消白的大模样？

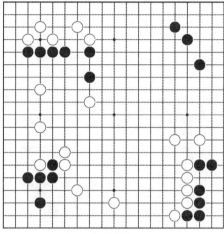

问题图 36

解　答

问题（黑先）

正解图：

黑在1位攻绝对，白2大飞轻巧，黑3是急所。

白4跳出，黑5刺，以下至黑13，白苦战。

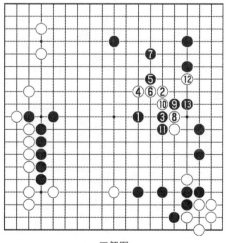

正解图

失败图:

黑1太软,白2大跳轻快,黑的模样被浅消,且白还有A位的点角。

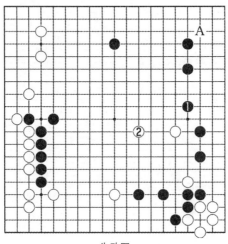

失败图

问题34(黑先)

正解图:

黑1是解除弱棋的积极措施,以下至白6,黑先手安定。然后黑7、9位跳起攻白。黑1如走3位飞,不太紧凑。

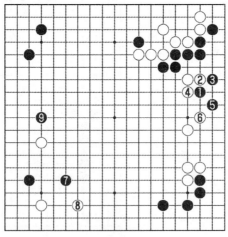

正解图

变化图：

黑3时白4无理，至黑9白被吃掉。

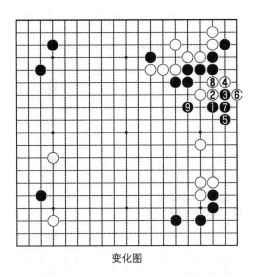

变化图

失败图：

黑1、3过急，白4占据要点，黑陷入苦战。

黑1如在A位跳，白走4位黑仍失败。

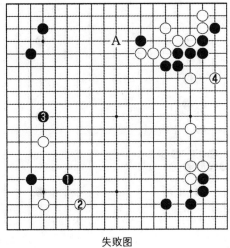

失败图

问题35（黑先）

正解图：

黑1、3冲断严厉，黑5靠好手，以下至黑11断，黑可战。

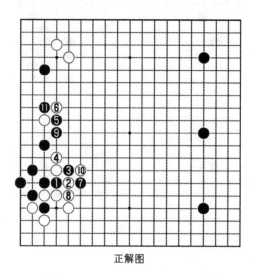

正解图

变化图：

正解图中白6如在1位打吃，以下至黑6，黑也可下。

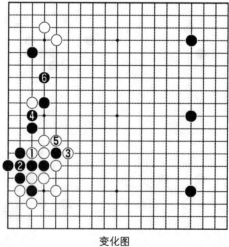

变化图

失败图：

对于黑1的跳，白4、6是好手，黑失败。

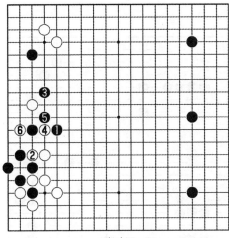

失败图

问题36（黑先）

正解图：

黑1恰到好处，白2、4是无奈之着。以下至黑9，双方大致如此，黑可满意。

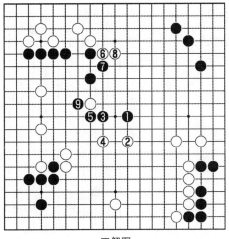

正解图

失败图：

黑1稍过，白2是当然的反击。黑3跳，白4碰，缠绕攻击，黑较苦。

白2如走A位则太软。

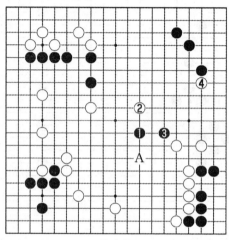

失败图

初 段

问题37（黑先）

此局面关键是大局观。

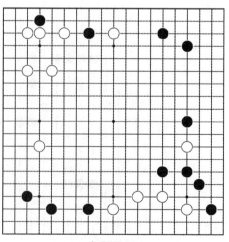

问题图 37

问题38（黑先）

对于白△的虎，黑要认真思考，一般手段是不行的。

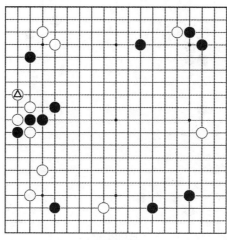

问题图38

问题39（黑先）

此局面关键是黑如何利用模样在中腹围空？

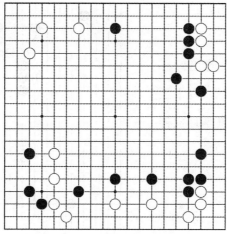

问题图39

问题40（黑先）

白在△位攻，黑应寻找腾挪的手筋。

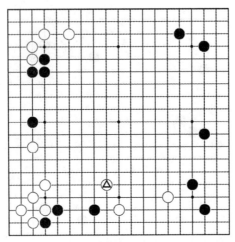

问题图 40

解　答

问题37（黑先）

正解图：

黑1是此局面的绝好感觉，全局观念很好，以下至黑15弃掉△，右边厚且模样可观，黑相当满足。

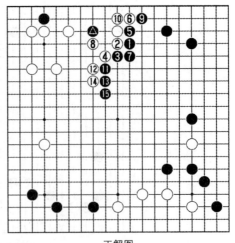

正解图

失败图：

黑1跳出大恶手，太重，以下至白6，白满意，正好把黑右边模样消了。

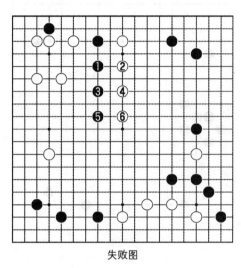

失败图

问题38（黑先）

正解图：

黑1碰是腾挪妙手，以下黑3顺调子打出，至黑9，A、B两点见合。白4如直接走C位，黑4位提太大。

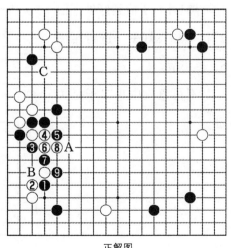

正解图

失败图：

黑1打吃俗手，以下至白4，黑不好。

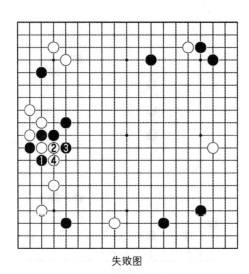

失败图

问题39（黑先）

正解图：

黑1补一手恰到好处，白2消，黑3飞好手，进行至黑5，黑可战。

不可急攻中央二子是关键。

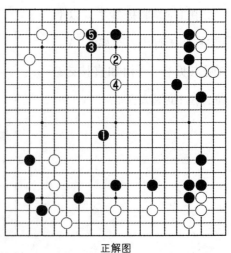

正解图

失败图：

黑1虽是好点，但不是急所，被白2走后，黑模样顿时变小。

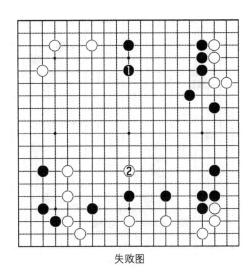

失败图

问题40（黑先）

正解图：

黑1、3、5是关连的腾挪好手，至黑11成转换局面，白⊿被吃，黑右边模样可观。

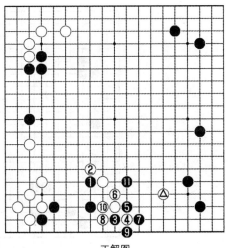

正解图

变化图：

白1打，以下双方必然，最后被黑26断，黑作战有利。

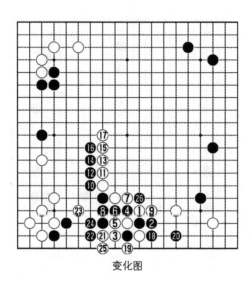

变化图

失败图：

黑3长太重。黑1如改在3位空飞，白再飞攻，黑同样苦战。

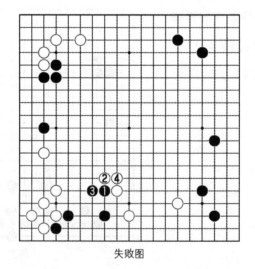

失败图

第四章

官子问题

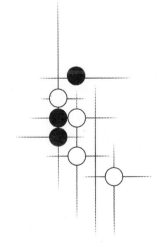

九级

问题1（黑先）

黑走在哪里才能获得最大的效益？

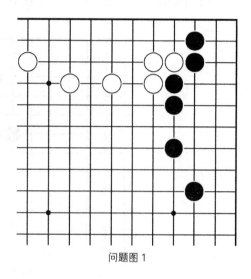

问题图 1

问题2（黑先）

要点何在？

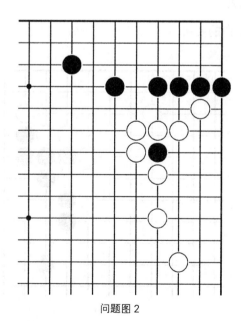

问题图 2

问题3（黑先）

有巧妙的一手，平庸的着法不能成功。

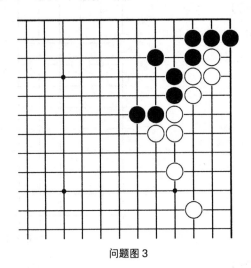

问题图 3

问题4（黑先）

一定要击中白的要害。

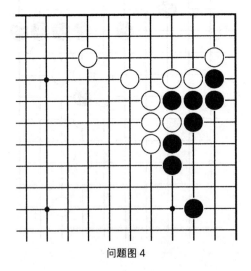

问题图 4

解 答

问题1（黑先）

正解图：

黑在1位大飞是极大的一手，实战中要特别注意。以下至白8必然，黑取得先手九目。

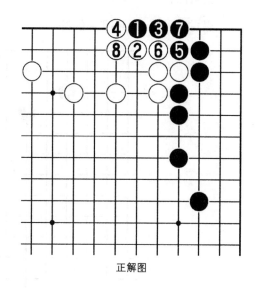

正解图

失败图：

黑1俗手。

黑1走3位也不好，白有4位靠的手段。此图和正解图相比损失两目。

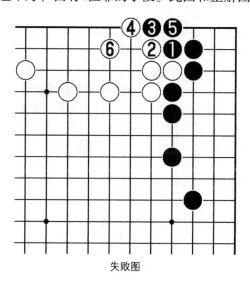

失败图

问题2（黑先）

正解图：

黑1挤巧妙，也是唯一的好手。

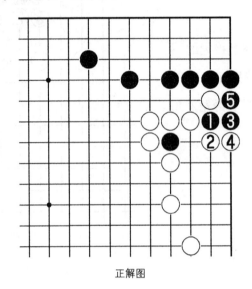

正解图

失败图：

黑1俗手。

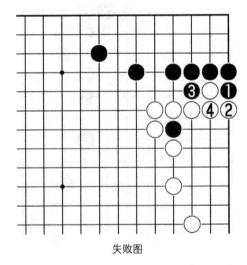

失败图

问题3（黑先）

正解图：

黑1绝妙，先手三目。

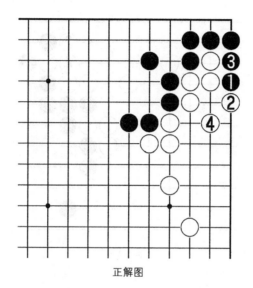

正解图

失败图：

黑1俗手，一无所获。

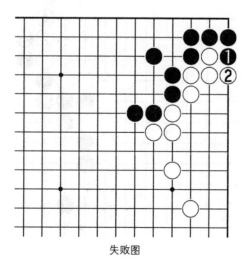

失败图

问题4（黑先）

正解图：

黑1夹严厉，白只好退守。

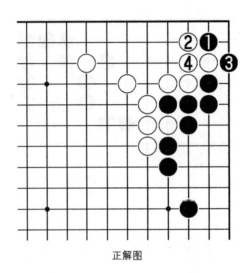

正解图

失败图：

黑1俗手，至白4，黑没有得到任何便宜。

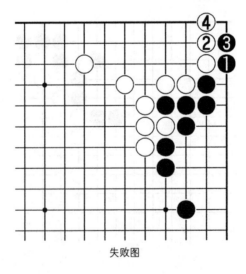

失败图

八 级

问题5（黑先）

俗手有时恰恰是好手，
此形即是如此。

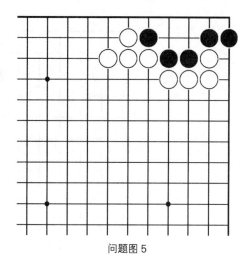

问题图 5

问题6（黑先）

这是实战中常见的形，切忌随手。

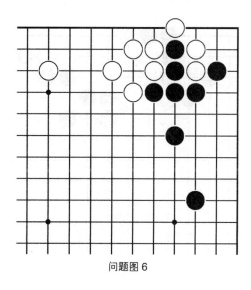

问题图 6

问题7（黑先）

黑有严厉的手段，切莫错过时机。

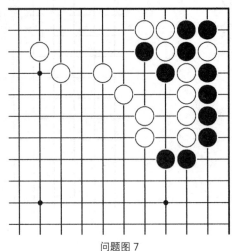

问题图 7

问题8（黑先）

白△存在缺陷，黑如何攻击？

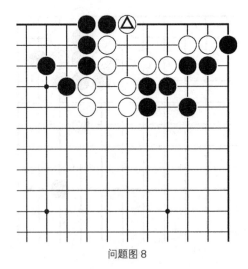

问题图 8

解 答

问题5（黑先）

正解图：

黑1立下的走法是唯一正解。白A处有子时不能成立，否则将成为"金鸡独立"。

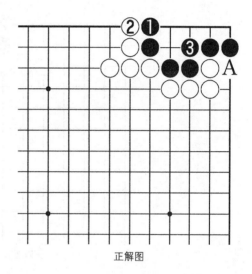

正解图

失败图一：

黑1俗手，以下至黑5，黑损了两目。

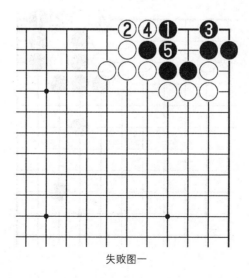

失败图一

失败图二:

黑1与白2交换的结果,黑损两目。

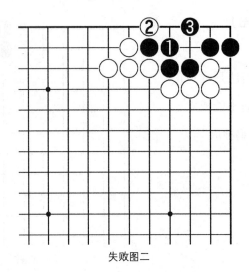

失败图二

问题6(黑先)

正解图:

黑1巧妙,白2必然,黑又在3位取得先手,十分满意。

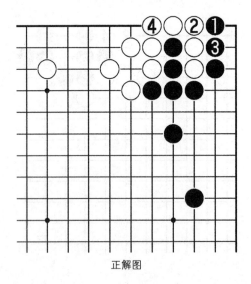

正解图

失败图：

黑1错误，白有2位挡的强手。和正解图相比明显受损。

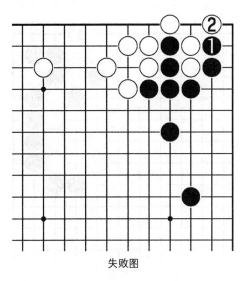

失败图

问题7（黑先）

正解图：

黑1、3、5、7次序极好，收获极大。

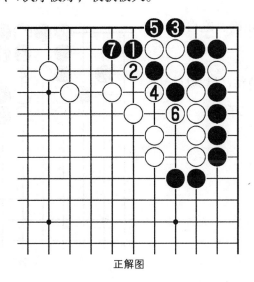

正解图

失败图：

黑1扳极差，一切妙味全无。

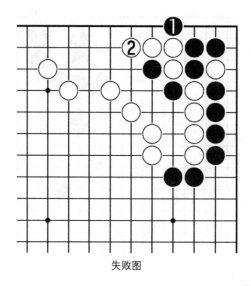

失败图

问题8（黑先）

正解图：

黑1至黑5正确，吃白一子是必然的。

白2如在3位粘，黑2以后可在A位吃掉白二子。

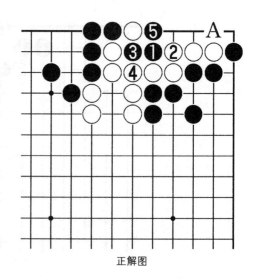

正解图

失败图一：

黑1是错着，白2粘后成牢固形。

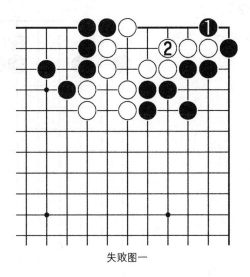

失败图一

失败图二：

黑1断的走法不能成立。

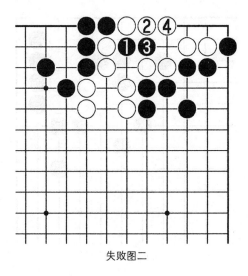

失败图二

七　级

问题9（黑先）

白似乎占据主动，黑有逆转的手筋吗？

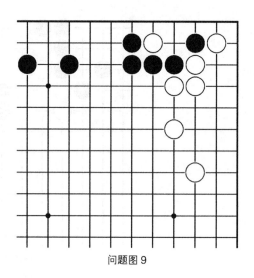

问题图 9

问题10（黑先）

此形富于趣味，平凡的构想难以成功。

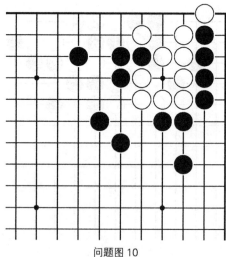

问题图 10

问题11（黑先）

白△挡后，黑正确的应手在哪里?

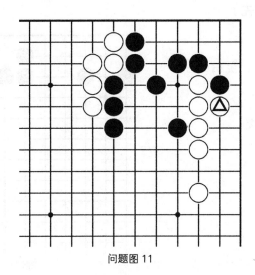

问题图 11

问题12（黑先）

从外面攻还是从里面攻? 注意形的要点。

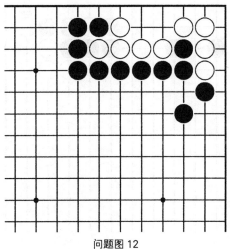

问题图 12

解　答

问题9（黑先）

正解图：

黑1是强手，至白6止，先手吃掉两枚白子。

黑5不可省略。

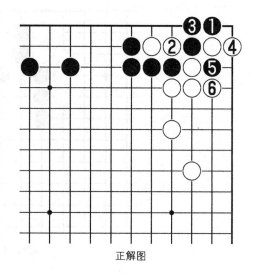

正解图

失败图：

黑1软弱，白2立下后，黑损四目。

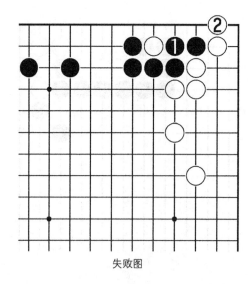

失败图

问题10（黑先）

正解图：

黑1正确，以下至黑5成为先手挡。

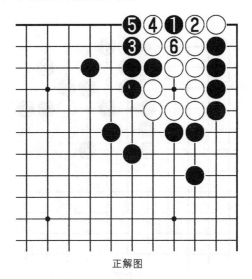

正解图

失败图：

黑1俗手，白2立下后黑在A位欠一手棋。

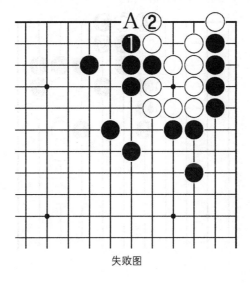

失败图

问题11（黑先）

正解图：

黑1立好手，此形白A挡已成后手。白如先手A位挡，黑5虎，白2扳则成为后手。

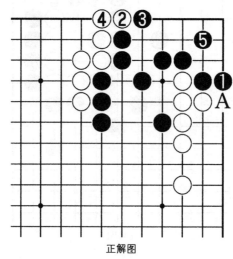

正解图

失败图：

黑1短浅，以下至黑5，黑损两目。

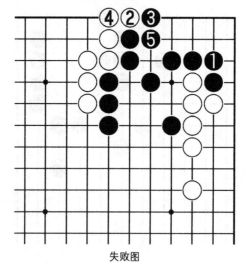

失败图

问题12（黑先）

正解图：

黑1巧妙。至白4止，白只有三目空。黑1的点入，是常见的"老鼠偷油"。

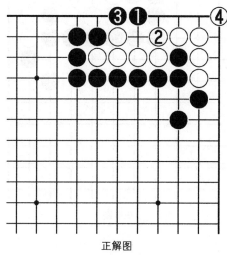

正解图

变化图：

黑1时白改在2位挡，黑5、7严厉，白角成"盘角曲死"，死形。

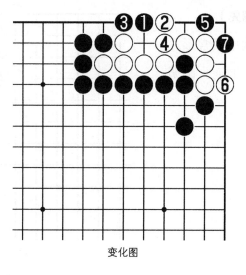

变化图

失败图：

黑1后，白2、黑3、白4均是必然的应手，黑的失败一目了然。

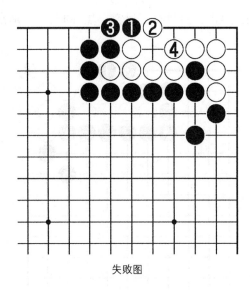

失败图

六　级

问题13（黑先）

此图是实战中的常形。

白⊙扳后，黑的应手在哪里？

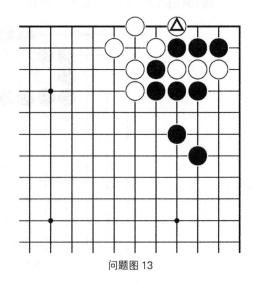

问题图 13

问题14（黑先）

此形富于妙味，平庸的构想是不能成功的。

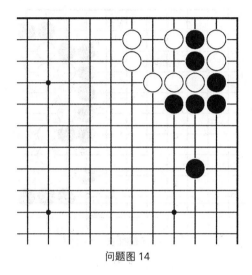

问题图 14

问题15（黑先）

利用白的弱点，获取最大的效益。

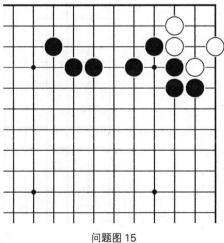

问题图 15

问题16（黑先）

次序正确，或可获得两目的便宜。

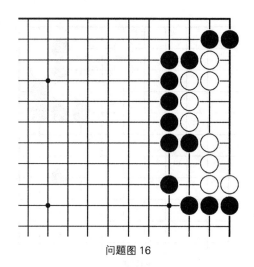

问题图 16

解 答

问题13（黑先）

正解图：

黑1是唯一的正解，白无
隙可乘。

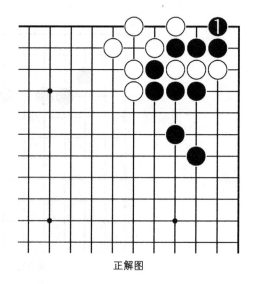

正解图

失败图一：

黑1如在A位打吃，白B时则成劫。特殊情况，劫材有利可行，比正解图便宜一目。

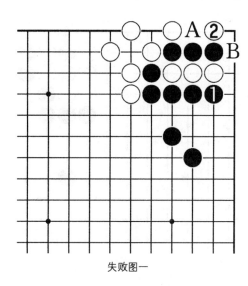

失败图一

失败图二：

黑1徒劳，白2、4后，和正解图相比黑损失三目。

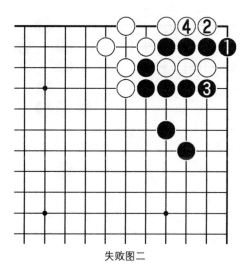

失败图二

问题14（黑先）

正解图：

"二·1"路是常见的妙手。黑1后，至白4，黑先手便宜。

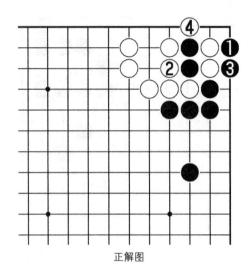

正解图

变化图：

黑1时，白改在2位打吃，黑3后成为打劫，白负担重。

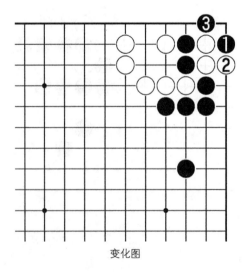

变化图

失败图：

黑1扳无谋，至白4，和正解图相比，黑损失三目。

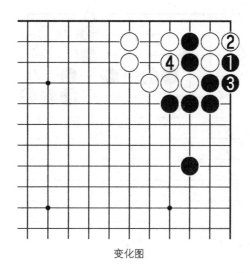

变化图

问题15（黑先）

正解图：

白在A位有子时，则黑的
走法不能成立。现黑1先立，
再3位跳次序正确。

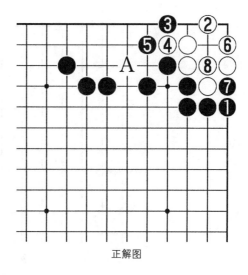

正解图

失败图：

因白以后在A位扳是先手，与正确图相比黑损两目。

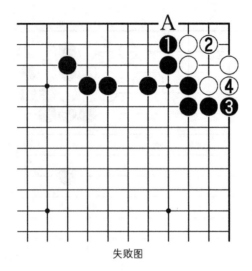

失败图

问题16（黑先）

正解图：

白2如改在4位尖，黑5曲则还原为原型。

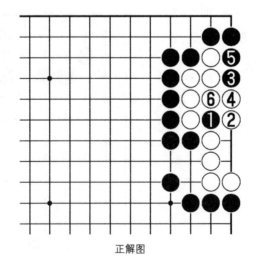

正解图

失败图一：

黑1次序错误。白2、4后黑一无所获，大损。

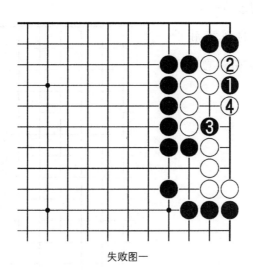

失败图一

失败图二：

黑1俗手，毫无变化，和正解图相比，损失了两目。

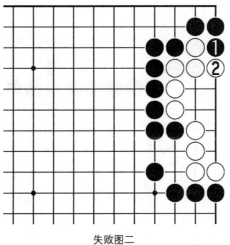

失败图二

五　级

问题17（黑先）

细致入微的观察和计算，往往会给你带来意想不到的收获。

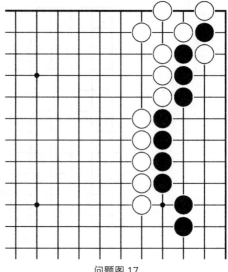

问题图 17

问题18（黑先）

从外面走还是从里面走？结果截然不同。

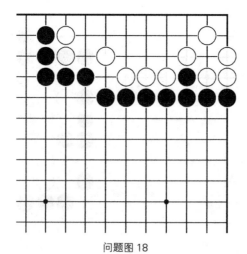

问题图 18

问题19（黑先）

黑的第一感是吃掉白一子，怎样吃效果最好呢？

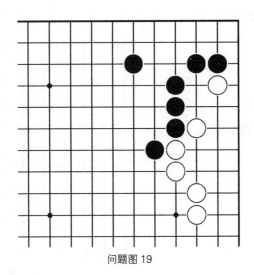

问题图 19

问题20（黑先）

利用白的缺陷，取得最大便宜。

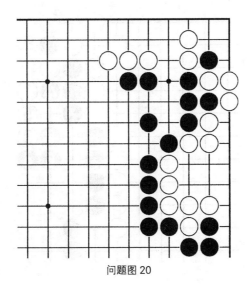

问题图 20

解 答

问题17（黑先）

正解图：

黑1跳好手，白如脱先，
黑以后可在4位立。

黑如不走1位，白在1位
小尖是手筋。

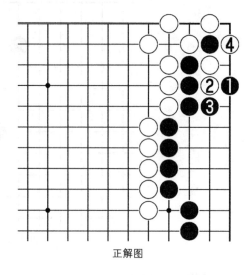

正解图

参考图：

黑▲与白△交换后，白有1、3、5的先手大官子。

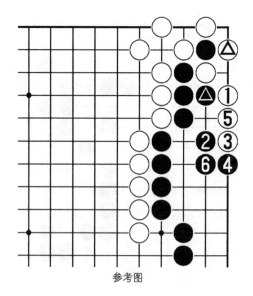

参考图

失败图:

黑1俗手、白2提子,黑只好在3位立,后手。

黑如不走3位,可出现参考图中的变化。

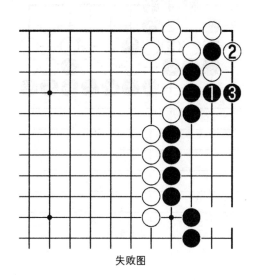

失败图

问题18(黑先)

正解图:

黑1好手,白2时,黑3、
5先手渡过。

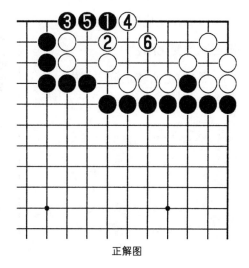

正解图

变化图：

黑1时，白改走2位，黑3至黑7将白大块吃掉。

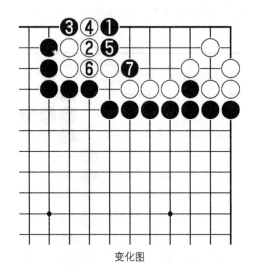

变化图

失败图：

对于黑1的扳，白2是好手。

白如在变化图中2位曲，则还原为变化图。

黑1的走法较正解图损失两目。

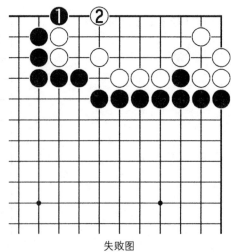

失败图

问题19（黑先）

正解图：

黑1夹是好手，以下至黑5吃住白一子很大。

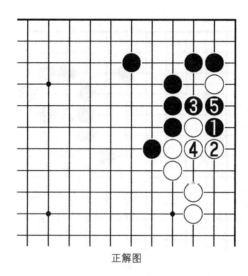

正解图

变化图：

黑1时，白改走2位，黑3、5先手吃白一子。

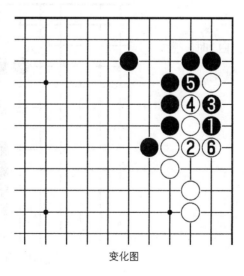

变化图

失败图：

黑1时，白2是好手，白2如走A位则还原为变化图。

黑1若在A位冲则大恶，白在1位挡后，与正解图相比有十一目的出入。

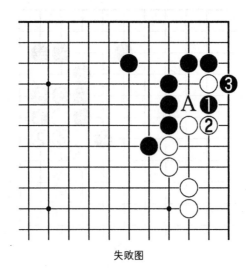

失败图

问题20（黑先）

正解图：

黑1是要点，白2时，黑在3位渡过，白空被掏。

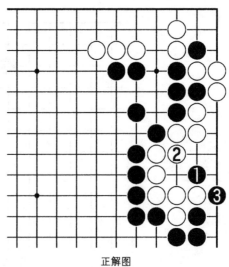

正解图

变化图：

黑1时，白2立下是恶手。以下进行至黑9，白棋被吃掉一半。

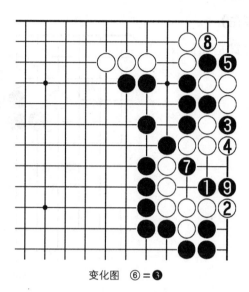

变化图　⑥＝❸

失败图：

黑1俗手，白2后，一切变化都没有了。

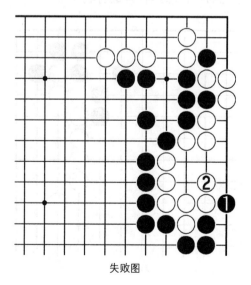

失败图

四　级

问题21（黑先）

此形黑棋关键是如何取得先手。

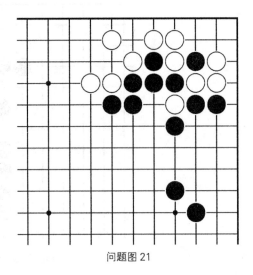

问题图 21

问题22（黑先）

这是实战中常见的形，怎样收官最有利?

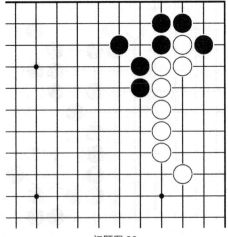

问题图 22

问题23（黑先）

这是极有趣味的一形，次序是第一位的。

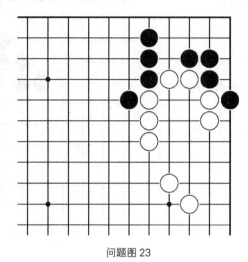

问题图 23

问题24（黑先）

白是不完整之形，黑有锐利的收官手筋。

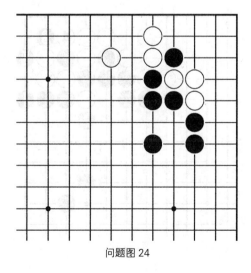

问题图 24

解　答

问题21（黑先）

正解图：

黑1好手。反之，白则于5位先手扳。以下是黑先手收官。

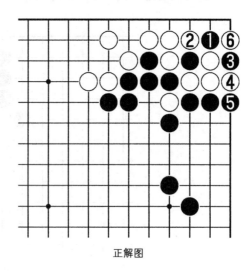

正解图

参考图：

黑1立下后手。白2脱先后，黑3、5虽然很大，但与前图比，差了一手棋。

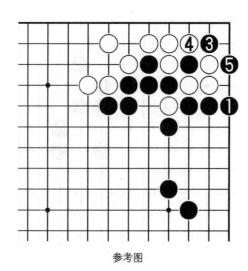

参考图

失败图:

黑1扳俗手。白2后黑落下了后手。

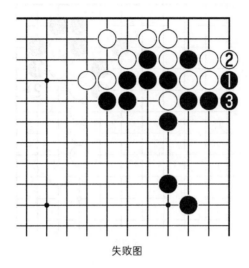

失败图

问题22（黑先）

正解图:

黑1尖好手,白只好在2位飞。白2如在A位挤,则黑在3位跳出更大。

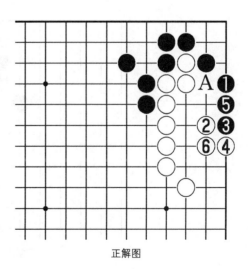

正解图

失败图：

黑1是平庸之手，失败。

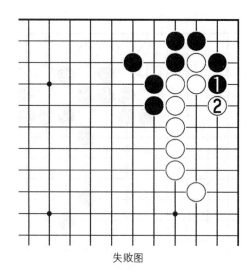

失败图

问题23（黑先）：

正解图：

黑1断次序好，以后在3、5、7位均得到先手。

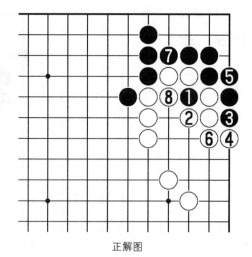

正解图

变化图：

黑1时，白改在2位打吃，黑3顶巧妙，白损失更大。

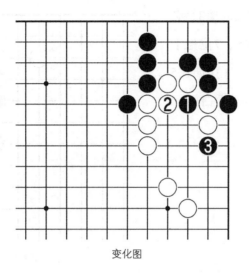

变化图

失败图：

黑1平庸。

黑1如先在4位顶，白则在1位挡，黑仍失败。此图和正解相比损失两目。

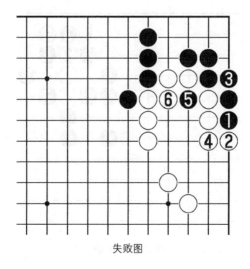

失败图

问题24（黑先）

正解图：

黑1强硬，白2时黑3是必然的，以下黑在5、7位先手渡过，官子极大。白4如在5位立，无理，黑4粘后白死。

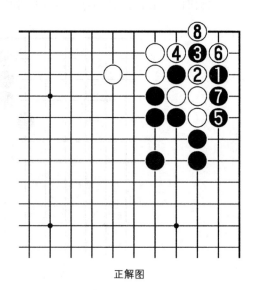

正解图

变化图：

黑3时，黑5、7渡过后在9位粘，白损失更大。

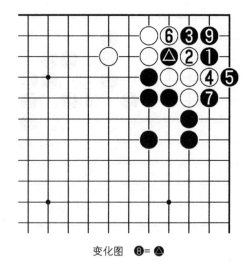

变化图　❽=▲

失败图：

黑1扳，俗手，以下至白4告一段落，与前图比较优劣一目了然。

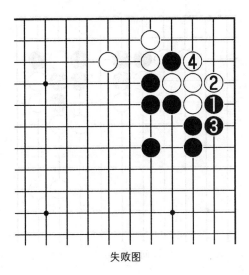

失败图

三 级

问题25（黑先）

如何利用角的特殊性，取得最大的收获？

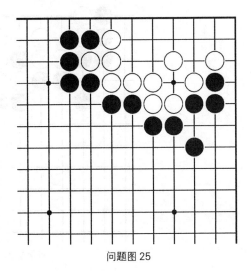

问题图 25

问题26（黑先）

黑形尚有缺陷，能否先手补净？

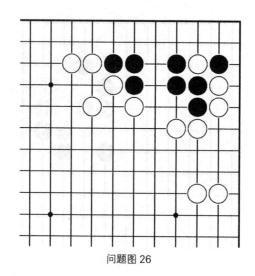

问题图 26

问题27（黑先）

白△长是随手，黑怎样应对效果最好？

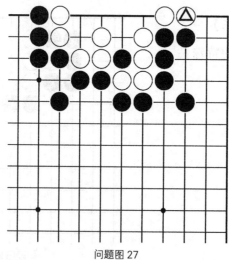

问题图 27

问题28（黑先）

利用白的缺陷，获取最大的效益。

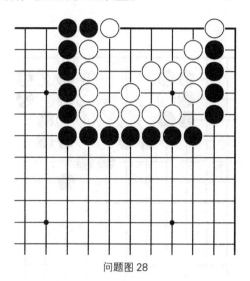

问题图 28

解 答

问题26（黑先）

正解图：

黑先在1位刺，然后在

3、7位两先手扳，次序好。

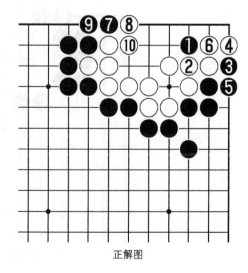

正解图

变化图：

黑1时，白改走2位，黑3打吃后在5位夹是手筋，白6时黑7先手渡过。

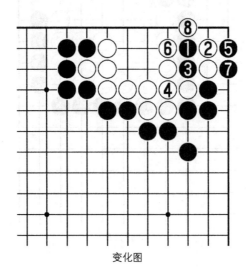

变化图

失败图：

黑1不好。此形与正确图比较，损了两目。

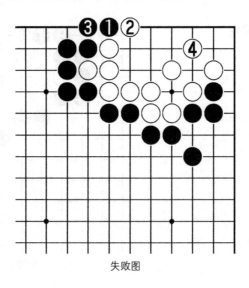

失败图

问题26（黑先）

正解图：

黑1、3与白2、4交换后得到了先手。黑1时，白2如在A位粘，黑则先手防住了白3打过的大官子。

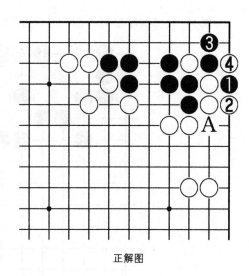

正解图

失败图：

黑1扳，白2后，黑3粘恶手，黑尚需在5位提子，后手。

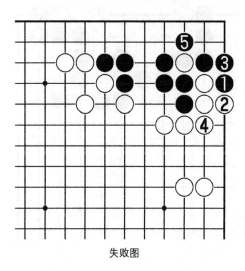

失败图

问题27（黑先）

正解图：

黑1、3、5次序极好，白二子接不归。

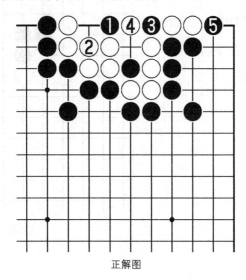

正解图

失败图：

黑1俗手，白2后黑在3位后手粘，与前图比黑损三目。

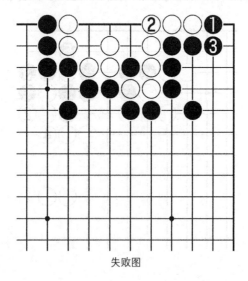

失败图

问题28（黑先）

正解图：

黑1巧手，赢得了六目的官子。

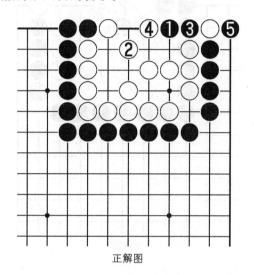

正解图

变化图：

黑1时，白若在2位粘，黑则在3位断吃白一子。

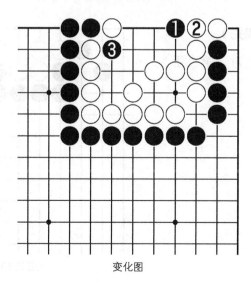

变化图

失败图：

黑1、3的手段不能成立。

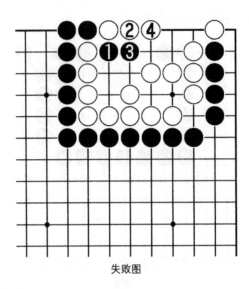

失败图

二级

问题29（黑先）

第一手要走对，第二手
是关键。

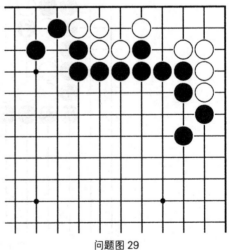

问题图 29

问题30（黑先）

这是实战中常见的形，要考虑种种变化，选择最佳方案。

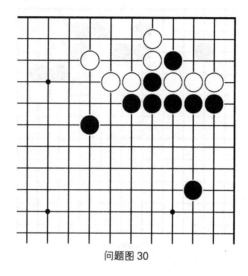

问题图 30

问题31（黑先）

第一着是打入白的心脏。

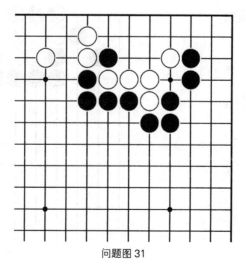

问题图 31

问题32（黑先）

有巧妙的一手，简单的构想难以成功。

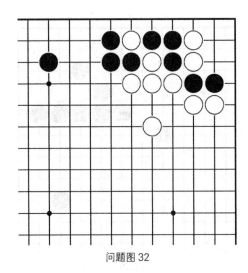

问题图 32

解　答

问题29（黑先）

正解图：

黑1扳后，在3位点漂
亮，先手取得便宜。

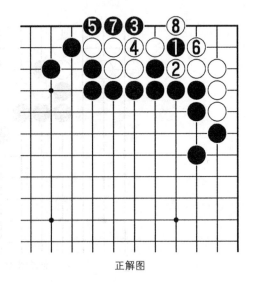

正解图

失败图一:

黑3打吃俗手。至白8止,与前图比黑损两目。

黑3如在5位扳,白走A位黑失败。

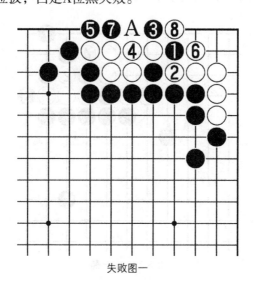

失败图一

失败图二:

黑1先点错误,以下至黑7的结果黑为后手。

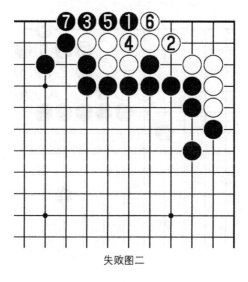

失败图二

问题30（黑先）

正解图：

黑1至黑7次序好，黑后手十八目。

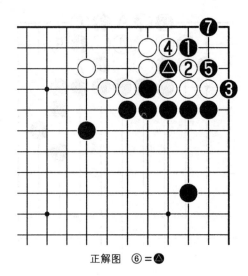

正解图 ⑥＝△

参考图：

黑1以后成劫，黑不能满意。

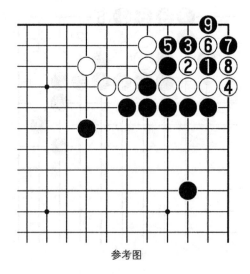

参考图

失败图：

黑1俗手，至黑5止，黑和正解图比损七八目。

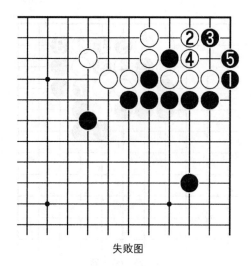

失败图

问题31（黑先）

正解图：

黑1是打入要点，白2时，黑3、5是手筋。

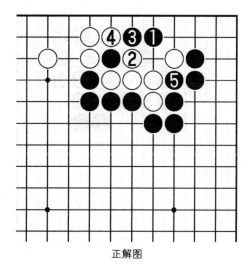

正解图

变化图：

黑1时，白改走2位，黑3至黑9吃掉白二子，收获更大。

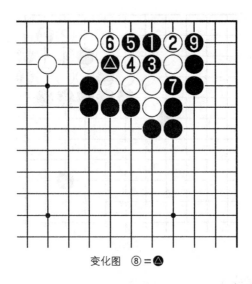

变化图　⑧＝▲

失败图：

黑1俗手，以下至黑5的收官失败。

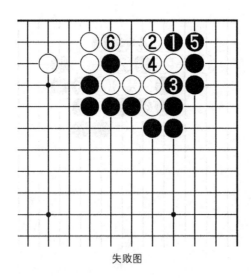

失败图

问题32（黑先）

正解图：

黑1极妙，白2时黑3、5是劫杀。

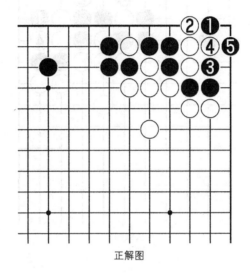

正解图

变化图：

黑1时白改走2位，黑3至黑7后白接不归。

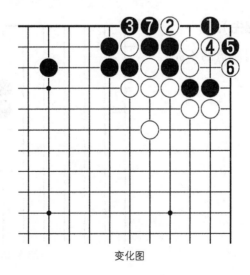

变化图

失败图:

黑1无理。白2打先手,失败是必然的。

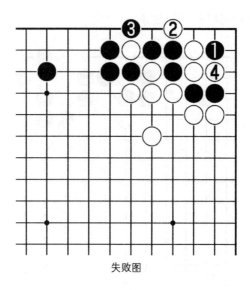

失败图

一　级

问题33(黑先)

黑如何利用白角的不完

备取得利益?

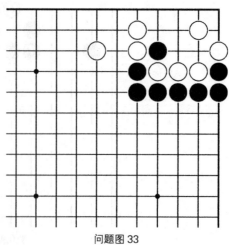

问题图33

问题34（黑先）

平凡的着法是不能成功的。先冲一下，然后再寻求妙手。

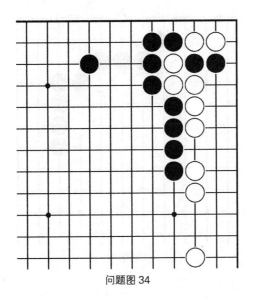

问题图 34

问题35（黑先）

第一手要走正确，以后的次序则更重要。

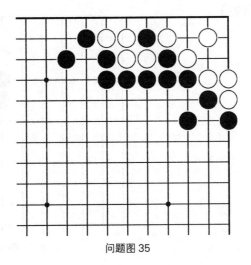

问题图 35

问题36（黑先）

白△尖，黑的应手值得注意。

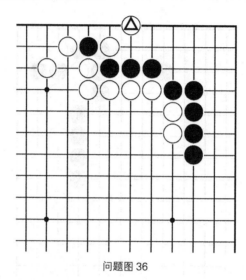

问题图 36

解　答

问题33（黑先）

正解图：

黑1要点。以下至黑9成

劫，黑成功。

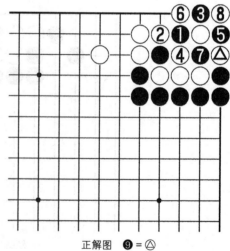

正解图　❾ ＝ △

变化图：

黑1时白改走2位，黑3、5后成大劫。

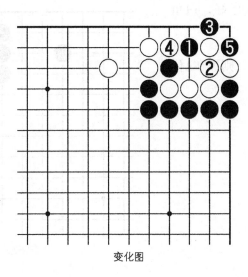

变化图

失败图：

黑1次序错，白2后黑再无手段。

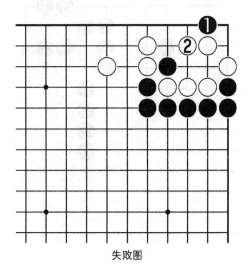

失败图

问题34（黑先）

正解图：

黑1至黑7次序好，白角上两子被吃。

白4如走6位，则黑在A位断吃。

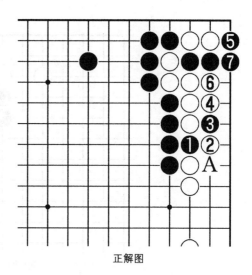

正解图

失败图一：

黑1、3缺少手段，收获不大。

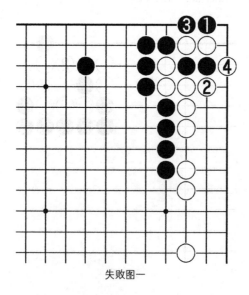

失败图一

失败图二：

黑1、3、5是次序错误的下法，因白有6位打吃的好手。

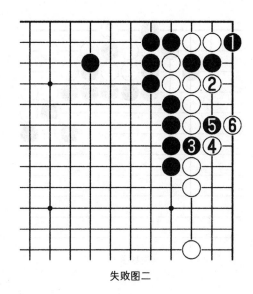

失败图二

问题35（黑先）

正解图：

黑1至黑7次序正确，结果成为打劫。

白6如改在7位接，黑走A位仍是打劫。

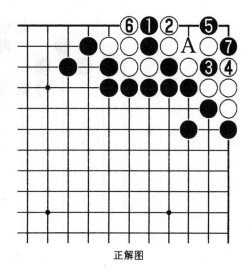

正解图

失败图一:

黑1俗手,白2后黑再无手段。

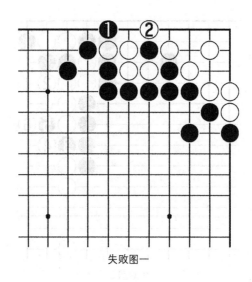

失败图一

失败图二:

黑3位置错,至白8黑失败。

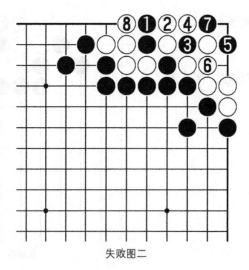

失败图二

失败图三：

黑1如走5位，白在2位空粘，黑仍是徒劳。

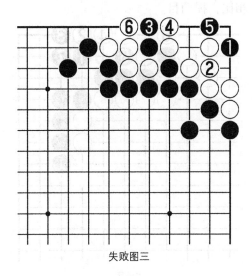

失败图三

问题36（黑先）

正解图：

黑1与白2交换后，在3位打吃是关键。

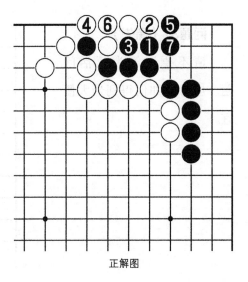

正解图

失败图:

黑1不当。

此形与前图相比,损两目。

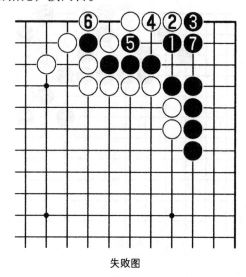

失败图

初　段

问题37(黑先):

请不要误解为死活问题。应考虑如何得到最大便宜。

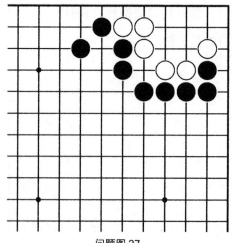

问题图 37

问题38（黑先）

首先要考虑白形的薄弱环节，充分利用被围黑三子的作用。

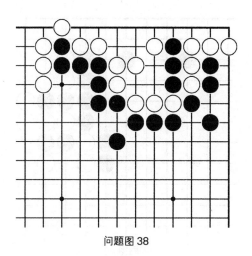

问题图 38

问题39（黑先）

平凡的着法是不行的，要打开思路。

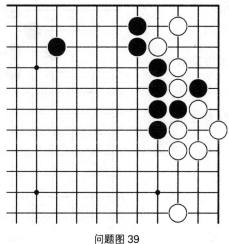

问题图 39

问题40（黑先）

请利用角上的特殊性来选择最佳应手。

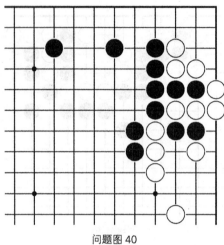

问题图 40

解　答

问题37（黑先）

正解图：

黑1以下至白8均是双方最好的应手，白6、8也是关联的好手，结果成为双活，黑便宜。

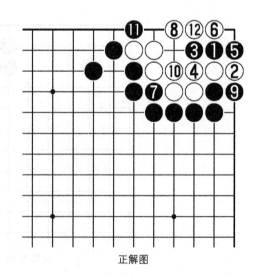

正解图

变化图：

白6不好，以下结果白成为死棋。

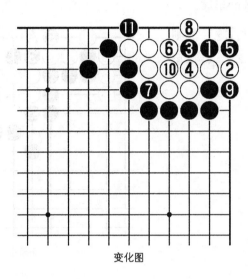

变化图

失败图：

黑1俗手，没有占到丝毫便宜。

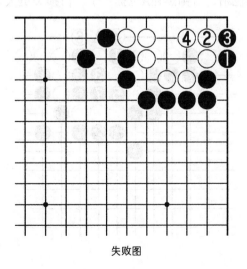

失败图

问题38（黑先）

正解图：

黑1挤是绝妙的手筋。

白4如在A位打吃，黑则在B位冲吃白三子。至黑5黑成功。

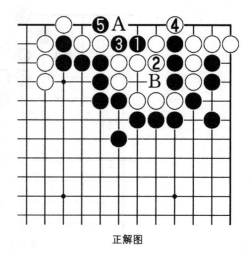

正解图

变化图：

黑1时白改走2位，黑3至黑7将白三子吃掉。

白4不能在5位粘，否则黑在A位提一子，白损失更大。

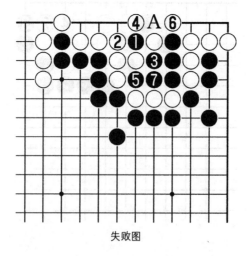

失败图

失败图：

黑1不行，白2后黑无手段。

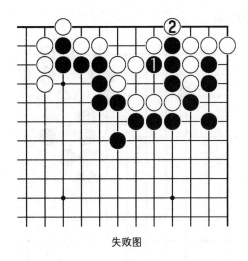

失败图

问题39（黑先）

正解图：

黑1碰是手筋。

以下至黑5渡过，黑收获很大。此形后，黑有A位尖，白B提，黑C挤的大官子。

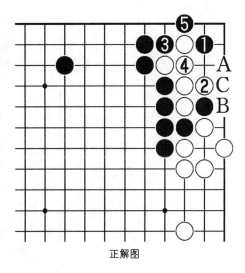

正解图

变化图：

白2虎一手，黑3、5、7过后，白后手不行。白2如改走4位粘，黑可5位扳，还原成正解图。

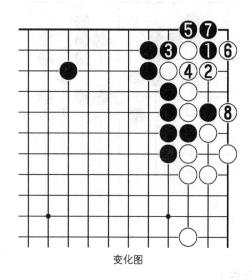

变化图

失败图：

黑1随手打吃大损，以下虽是先手，但一无所获。

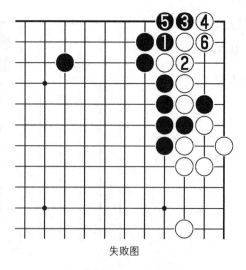

失败图

问题40（黑先）

正解图：

黑1扳，白2挡后，黑3"二·1"路的夹，是关键的妙手。白4没办法，黑5过后，A位提还是先手，大便宜。

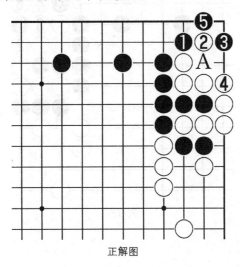

正解图

变化图：

白如改在4位打吃，黑5、7可吃白接不归，白损失更大。

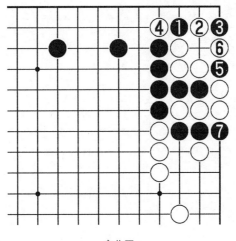

变化图

失败图：

黑1打吃俗手，以下虽是先手，但一无所获。

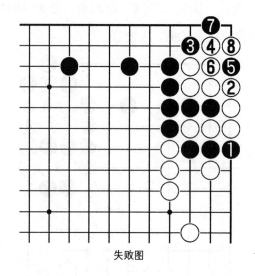

失败图

第五章

死活问题

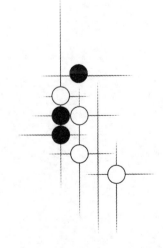

问题1（黑先）

只有正确地利用角的特殊性，才能确保平安。

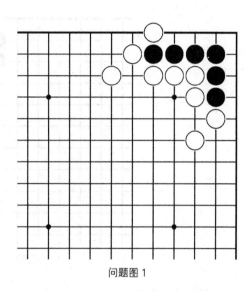

问题图 1

问题2（黑先）

这是饶有趣味的一形，可以锻炼思维。

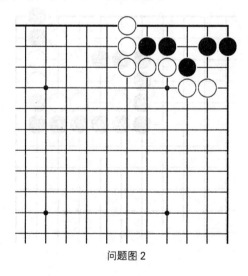

问题图 2

问题3（黑先）

此形俗称"小猪嘴"，是实战中常见的棋形。

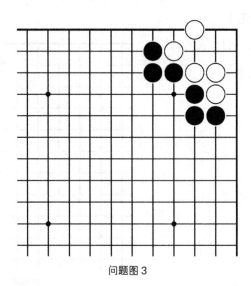

问题图 3

问题4（黑先）

找到要害，一击即中。

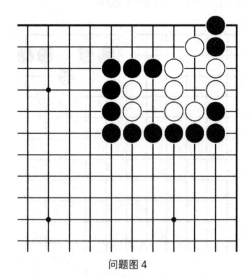

问题图 4

解 答

问题1（黑先）

正解图（黑活）：

黑1是要点。白已无法杀黑。

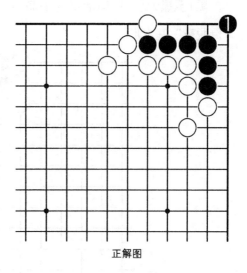

正解图

失败图：

黑1恶手。白2、4后，角上成"盘角曲四"，黑无条件死。

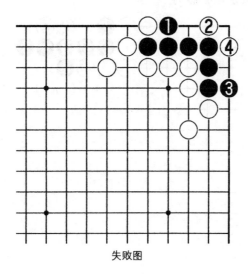

失败图

问题2（黑先）

正解图（黑活）：

黑1至黑9是一连串活棋的手筋。黑7粘是关键的好手，形成常见的"倒脱靴"基本形。

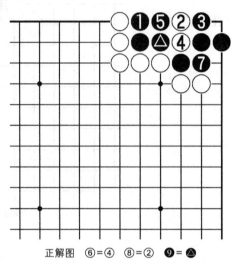

正解图 ⑥=④ ⑧=② ❾=▲

失败图（黑死）：

黑3大恶，被杀是必然的。

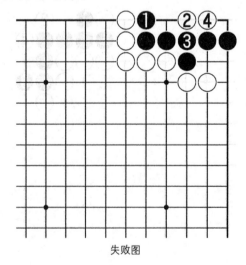

失败图

问题3（黑先）

正解图一（劫活）：

黑1点是急所。死活题中，"二·1"路是经常出妙手的点，请多加注意。以下至黑7成为劫活。

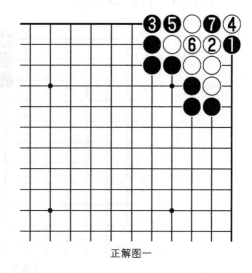

正解图一

变化图（劫活）：

黑3时，白如改走4位，黑5后仍是劫活。

此形白先手提劫，较前图有利。

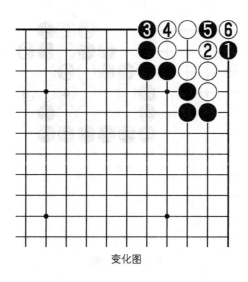

变化图

失败图：

黑1恶手，白2、4后净活。

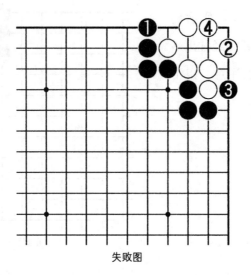

失败图

问题4（黑先）

正解图（白死）：

黑1挤，关键，以下至黑9次序好，白死。

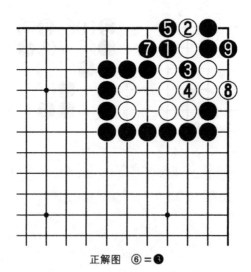

正解图　⑥＝❸

失败图（白活）：

黑1无谋，白2后黑无以应对。

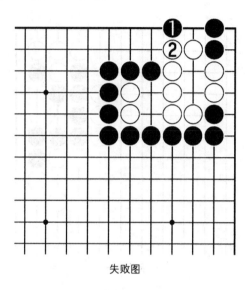

失败图

八 级

问题5（黑先）

处于白阵中的黑棋能做活吗？请认真思考。

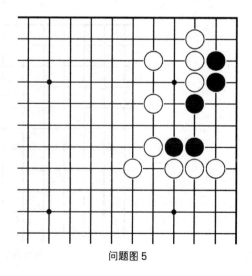

问题图 5

问题6（黑先）

要点只有一个，判断一定要准确。

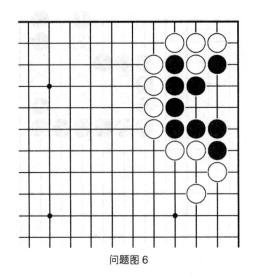

问题图 6

问题7（黑先）

黑似乎已身处绝境，然而却有解脱的妙法。

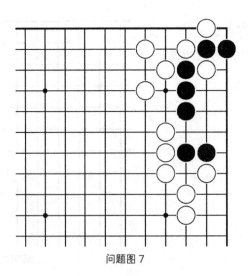

问题图 7

问题8（黑先）

抓住白的缺陷，一击即溃。

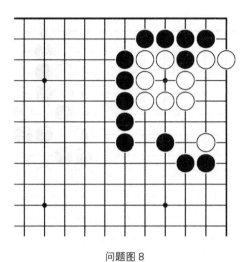

问题图 8

解　答

问题5（黑先）

正解图（黑活）：

黑在1、3位做活的走法
成立。黑1时白若在A位跳，
黑B冲仍是活形。

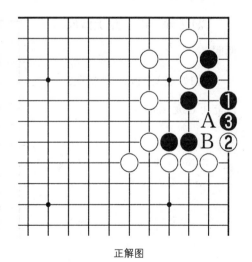

正解图

失败图（黑死）：

黑1恶手，白2、4后黑无法做活。

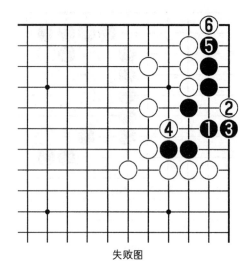

失败图

问题6（黑先）

正解图（黑活）：

黑1正确，以下弃子做成两眼。

白2如在3位扳，则黑在2位立下也是活形。

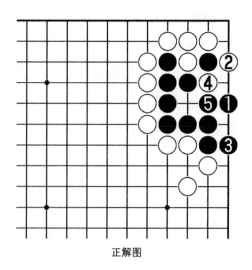

正解图

失败图（黑死）：

黑1恶手，白2至白6后黑接不归。

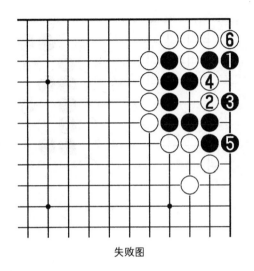

失败图

问题7（黑先）

正解图（黑活）：

黑1与白2交换后，黑3挡是好手筋，以下至黑7，白接不归。

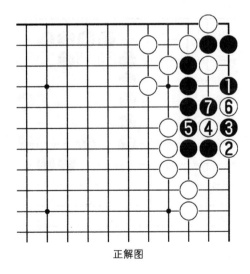

正解图

失败图（死活）：

黑1无谋，白2以后黑无法应对，净死。

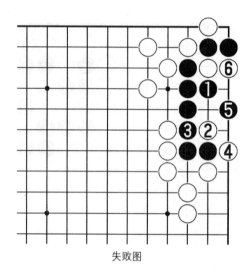

失败图

问题8（黑先）

正解图（白死）：

黑1是急所，白2时黑在3位渡过，白死。

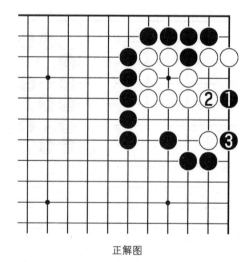

正解图

变化图（白死）：

黑1时白改走2位，黑3后白仍无法做活。

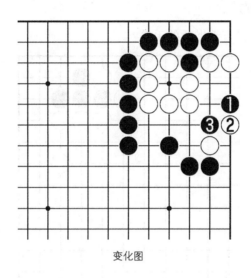

变化图

失败图（劫活）：

黑1恶手，白2、4后黑只能在5位做劫。

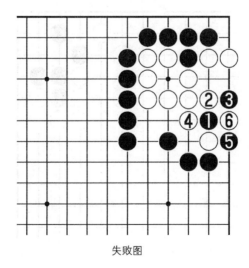

失败图

七 级

问题9（黑先）

白阵中的黑棋有无做活的手筋？

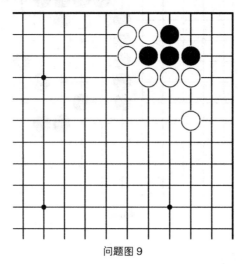

问题图 9

问题10（黑先）

第一手是关键。

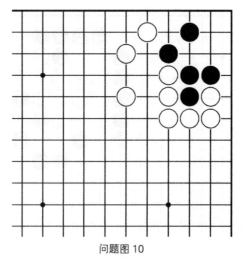

问题图 10

问题11（黑先）

实战中这是有典型意义的一形，充满妙趣。

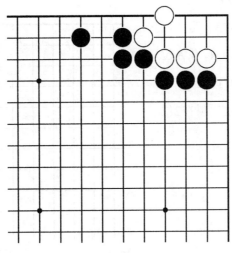

问题图 11

问题12（黑先）

白的眼位看起来丰富，实则不堪一击。

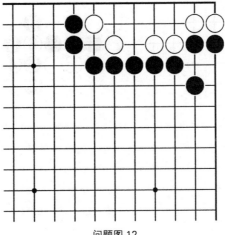

问题图 12

解 答

问题9（黑先）

正解图（双活）：

黑5是好手。如在A位虎，白B立则成为打劫。

白2如在3位立，黑在2位虎也可做活。

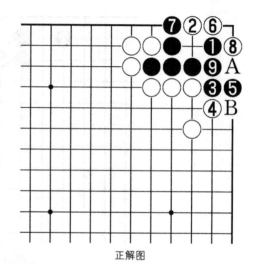

正解图

失败图（打劫活）：

黑急于在1位扩大眼位，操之过急，至白6成为打劫活。

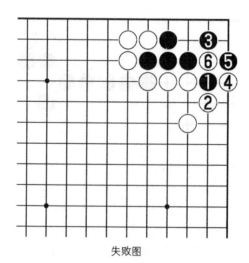

失败图

问题10（黑先）

正解图（黑活）：

黑1是急所，以下至黑5成活形。

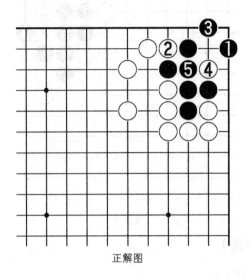

正解图

变化图（黑活）：

黑1时白改走2位，黑3至黑7后，白4一子接不归，黑仍活棋。

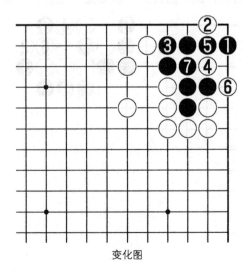

变化图

失败图（黑死）：

黑1恶手，白2以下至6将黑眼位夺取，黑死棋。

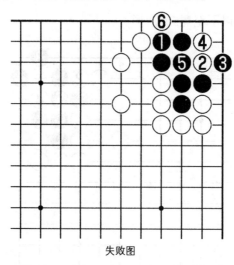

失败图

问题11（黑先）

正解图（白死）：

此形俗称"大猪嘴"，黑1、3的扳、点是杀白的关键两手。正如人们常说的："大猪嘴，扳、点死。"就是这个道理。

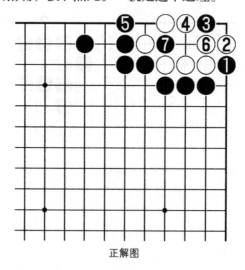

正解图

失败图（白活）：

黑1显然不当，白2以后黑已无法杀白。

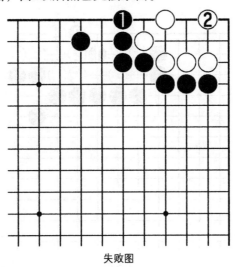

失败图

问题12（黑先）

正解图（白死）：

黑1是急所。

白2粘时，黑3、5、7从下面渡过，白净死。

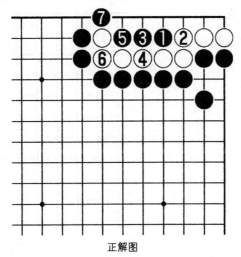

正解图

失败图（白活）：

黑1、3的手筋在本形不适用，白成净活。

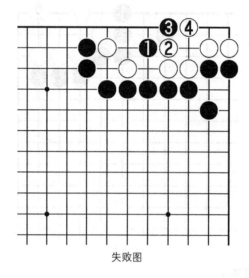

失败图

六　级

问题13（黑先）

处于白阵中的黑棋怎样才能避免被杀死？

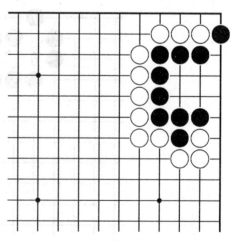

问题图 13

问题14（黑先）

黑面临的问题是宽气。

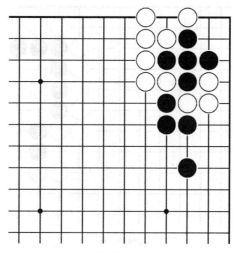

问题图 14

问题15（黑先）

白形尚不完备，黑有致命的攻击手筋。

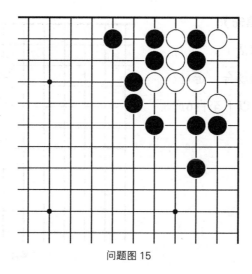

问题图 15

问题16（黑先）

这是一个常识的问题，实战中经常可以遇到。

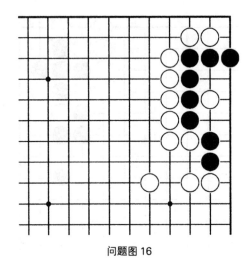

问题图 16

解　答

问题13（黑先）

正解图（双活）：

黑在有●的场合，走1位是正确的，白2以下至白6成为双活。

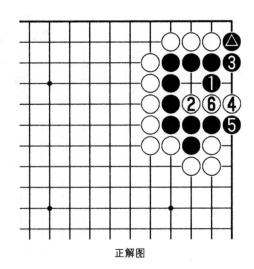

正解图

变化图（黑活）：

黑1时白改走2位。因黑有●的作用，黑5后，白无法在A位粘。

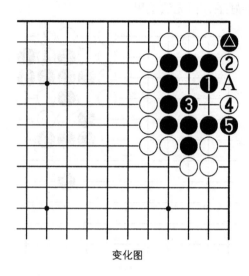

变化图

失败图（黑死）：

黑1恶手，白2、4、6后黑不活。

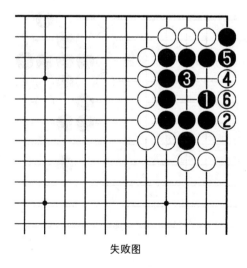

失败图

问题14（黑先）

正解图：

黑1是宽气的好手，白无法杀黑。

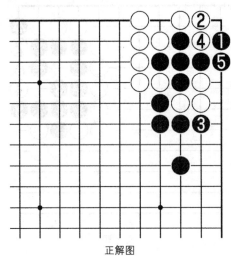

正解图

失败图（劫活）：

黑1立，白2靠好手，至白4成劫活。黑如直接在3位打吃，白1后也成劫活。

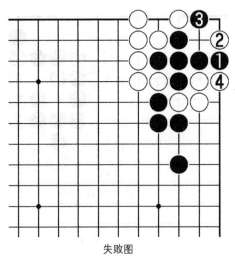

失败图

问题15（黑先）

正解图（白死）：

黑1、3、5是手筋，以下白被杀是必然的。

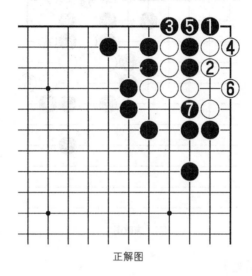

正解图

变化图（白死）：

黑1时白改在2位立下，黑3、5后白无以应对，仍不能活。

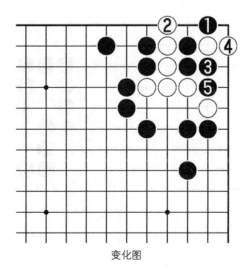

变化图

失败图（白活）：

黑1俗手，白2、4先手利用后在6位立下，活棋。

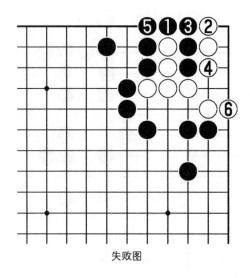

失败图

问题16（黑先）

正解图（双活）：

黑1正确，至黑5成为双活。白2如走4位，黑在5位立后仍是双活。

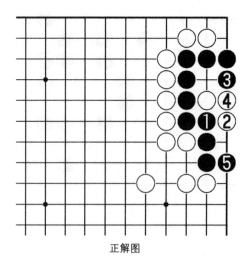

正解图

失败图一（劫活）：

黑1恶手，白2后黑只好在3位做劫。

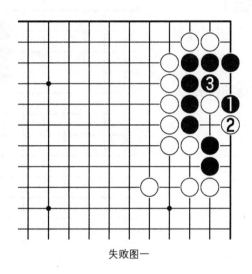

失败图一

失败图二（黑死）：

黑在1位立更不好，白2、4后黑净死。

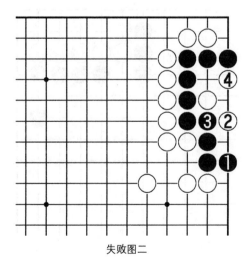

失败图二

五 级

问题17（黑先）

白的缺点是形成了撞紧气。

黑有巧妙利落的攻法。

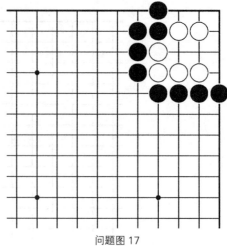

问题图 17

问题18（黑先）

不要为白形宽广所迷惑。

第一手是一般的攻法，第三手则是关键。

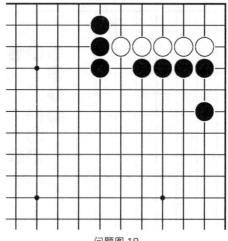

问题图 18

问题19（黑先）

从外面攻还是从里面攻？要以锐利的手筋解决问题。

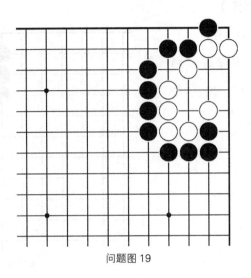

问题图 19

问题20（黑先）

黑形令人担心，但只要冷静思考，做活是不难的。

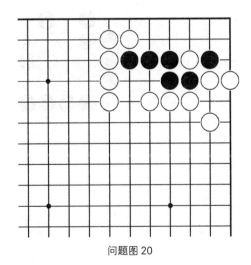

问题图 20

解答

问题17（黑先）

正解图（白死）：

黑1、3、5次序好，白死。白4如在7位挡，黑在4位打吃，白接不归。

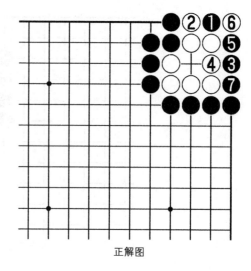

正解图

失败图（白活）：

黑先走1位次序错，白2、4后成活形。

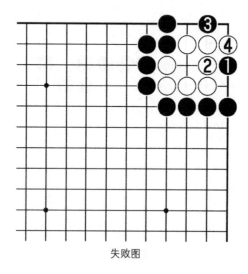

失败图

问题18（黑先）

正解图（白死）：

黑1、3与白2、4交换是常法，黑5则是关键，以下进行至黑9，白死。

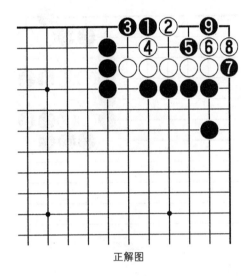

正解图

失败图（白活）：

黑5、7次序颠倒，白6、8做活。黑7如在8位点，白走7位成劫活。

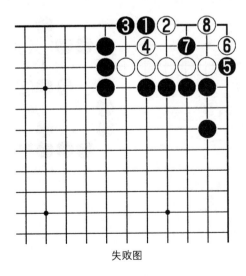

失败图

问题19（黑先）

正解图（白死）：

黑1是要点。白2如改走3位，黑在2位退后白也死。

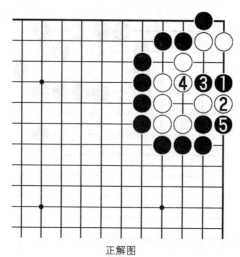

正解图

失败图（白活）：

黑1恶手。至白4止，黑无法杀白。

黑3如走4位，白3后仍是活形。

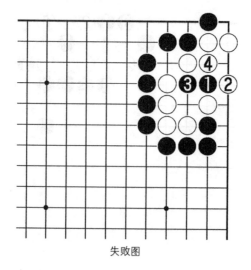

失败图

问题20（黑先）

正解图（黑活）：

黑1尖是巧手，白2时黑3正确，白无法杀黑。

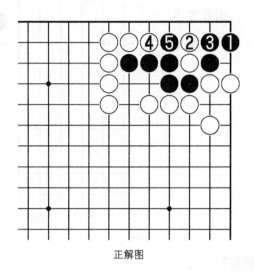

正解图

失败图（黑死）：

黑1恶手。白2至白6是破眼的锐利手筋，黑死。

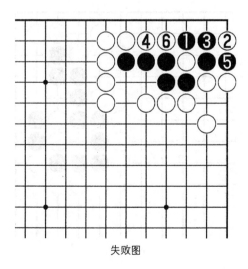

失败图

四　级

问题21（黑先）

要杀死白棋，则非要占据要点不可。这是一个基本原则。

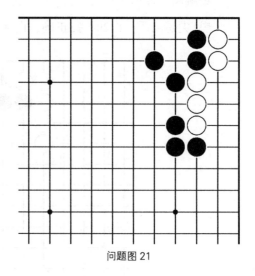

问题图 21

问题22（黑先）

为了巧妙地做活，必须开动脑筋。这是常见的、应用范围较广的一种手筋。

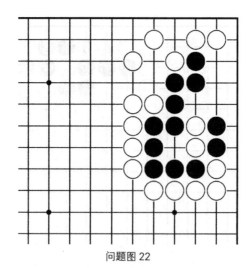

问题图 22

问题23（黑先）

处在白阵中的黑棋能脱险吗？要有弃子的观念。

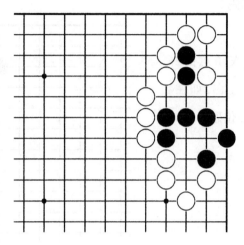

问题图 23

问题24（黑先）

从形上来说，黑相当危险。黑有起死回生的妙手。

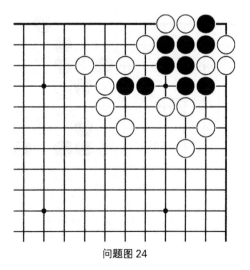

问题图 24

解 答

问题21（黑先）

正解图：

黑1是不为人注意的好点，白难以做活。白2如在4位虎，黑也可于3位碰，白同样不活。

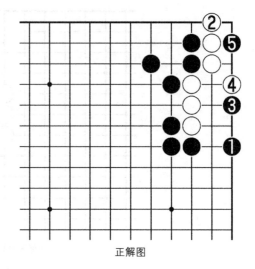

正解图

变化图（白死）：

黑1时，白改走2位，黑在3位扳后，白眼位也不足。

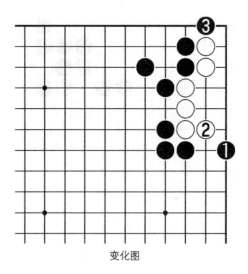

变化图

失败图一（劫活）：

黑1错误，白2以后在4、6位做劫，黑失败。

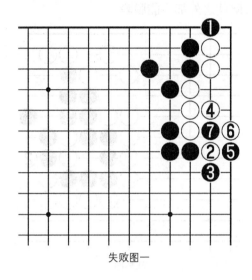

失败图一

失败图二（劫活）：

黑在1位扳亦不行。白2以下至黑8仍是劫活。

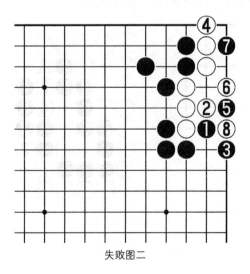

失败图二

问题22（黑先）

正解图（黑活）：

黑1是妙着，除此之外都不能脱险。

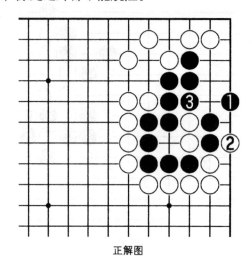

正解图

失败图一（黑死）：

黑1恶手，以下至白6黑死。

黑3如在4位退，白在A位冲，黑也不活。

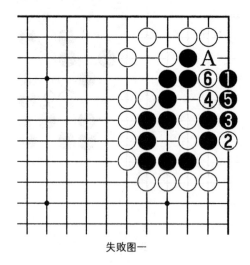

失败图一

失败图二（黑死）：

黑平庸地在1位挡是不行的，白有2位扳的强手，以后可在4、6位渡过，黑死。

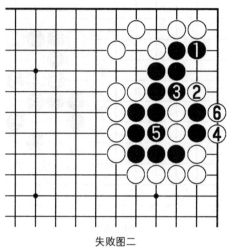

失败图二

问题23（黑先）

正解图（黑活）：

黑1冲次序好。白2是必然的，黑在3位先手利用后，再5位立，活形。

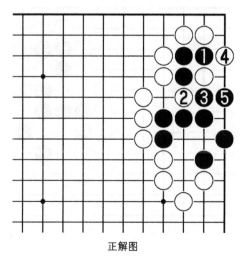

正解图

变化图（黑活）：

黑1时白改在2位打吃，黑3是好手，白4时黑5打吃，白接不归。

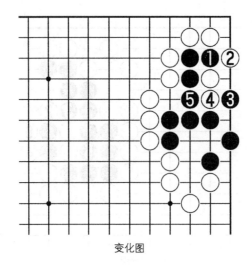

变化图

失败图（劫活）：

黑1如在2位小尖，白则于1位挤，黑净死。以下成劫活。

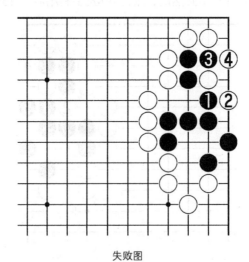

失败图

问题24（黑先）

正解图（黑活）：

黑1卡绝妙，此后在3位提子成为先手，活棋是必然的。

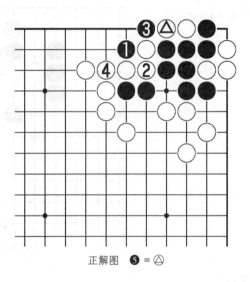

正解图 ❺ = △

失败图（劫活）：

黑直接在1位提次序错，白2以下至白8严厉，结果成劫活。

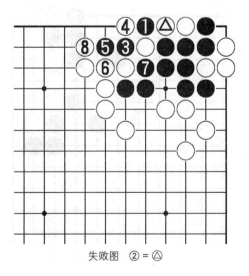

失败图 ② = △

三　级

问题25（黑先）

使白难以反抗的手段在哪里？

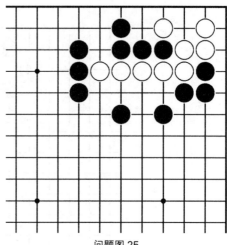

问题图 25

问题26（黑先）

白的眼形看起来很丰富，实则不堪一击。

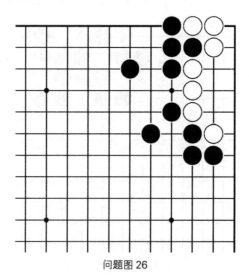

问题图 26

问题27（黑先）

平凡的着想是走不好的。利用角上的特殊性是活棋的关键。

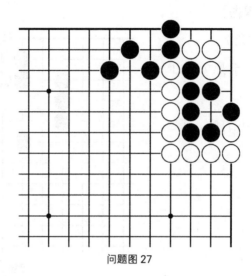

问题图 27

问题28（黑先）

使白撞紧气而攻之。

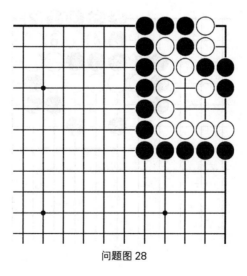

问题图 28

解 答

问题25（黑先）

正解图（白死）：

黑1正确，至黑7止白死。

白2如改在3位打吃，黑2退，白仍不活。

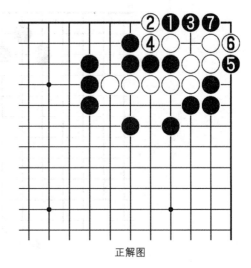

正解图

失败图（白活）：

黑1恶手，白2挡以后至白8将黑吃掉。

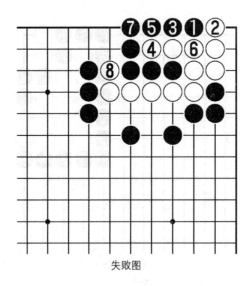

失败图

问题26（黑先）

正解图（白死）：

黑1是眼形的急所。白2时，黑3是手筋，以下至黑7白二子接不归，白死。

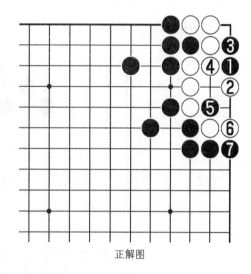

正解图

失败图（劫活）：

黑1恶手，白2、4后成为劫活。

因白A位空一气，黑如走4位，则白在B位虎。

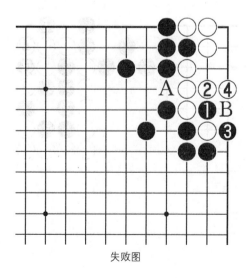

失败图

问题27（黑先）

正解图（白死）：

黑1的托绝好，白难以招架。

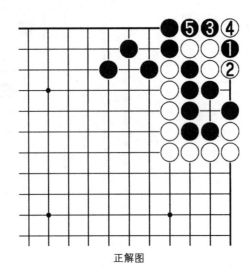

正解图

失败图（白活）：

黑1的攻击难以成立。白2、4后成劫活。

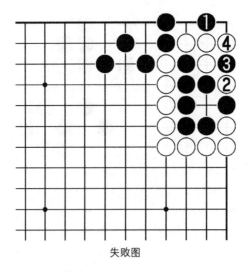

失败图

问题28（黑先）

正解图（白死）：

黑1好手，先手紧白一气。黑3后白两边不入气，成"金鸡独立"形。

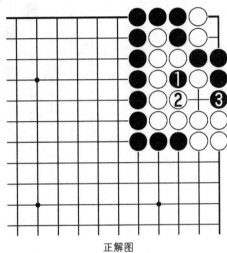

正解图

失败图（打劫）：

黑1如走A位，白则在B位打吃，黑C提两子，白在2位做活。现白2后，成劫活。

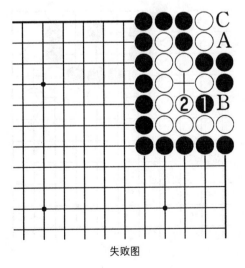

失败图

二 级

问题29（黑先）

白的眼位看起来很大，
细察却有漏洞。

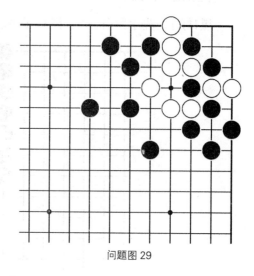

问题图 29

问题30（黑先）

这是常见的形。

黑须用冷静的态度计算出活棋的次序。

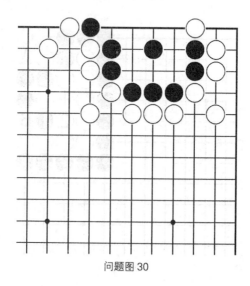

问题图 30

问题31（黑先）：

这是多变之形，不让白发挥的要点在哪里呢?

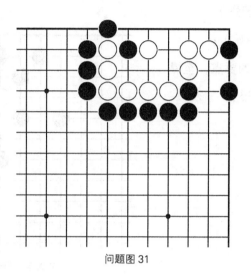

问题图 31

问题32（黑先）：

黑能活吗? 关键是能否发挥▲的作用。

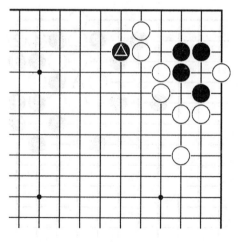

问题图 32

解 答

问题29（黑先）

正解图（白死）：

黑1是破眼的要点，至黑7止，白角成"聚五"形。

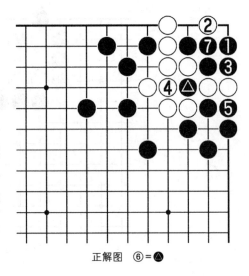

正解图　⑥＝▲

失败图：

黑1打恶手，白2好手，不能在A位提，否则将还原为正解图。

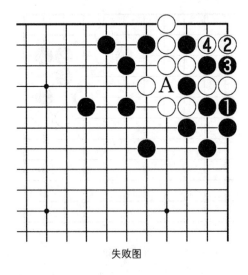

失败图

问题30（黑先）

正解图（黑活）：

黑1至黑7是活棋手筋，白无法杀黑。这是格言"左右同形走中央"的典型一例。

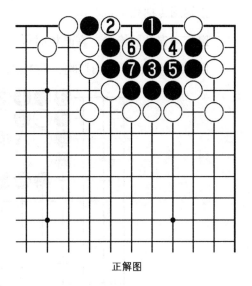

正解图

失败图（黑死）

黑1俗手。

白2至白8是连续的破眼手筋，黑净死。

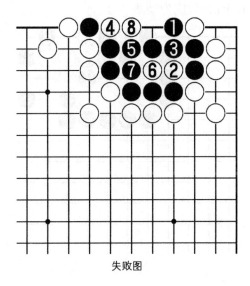

失败图

问题31（黑先）

正解图（白死）：

黑1、3先粘回绝妙，在吃棋时也是常用的妙手。

白4如改走A位，黑B打吃，白7、黑4，白仍不活。

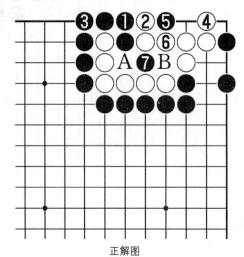

正解图

失败图一（劫活）：

黑1错误，白2至白6后成为劫活。

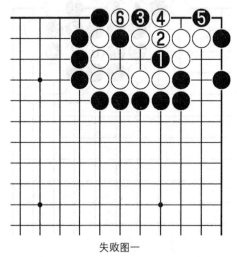

失败图一

失败图二（劫活）：

黑1仍错，白直接在2位打吃即成劫活。

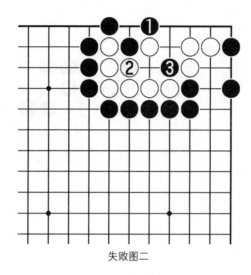

失败图二

问题32（黑先）

正解图（黑活）：

黑1好手，▲子的作用得到了发挥。以下至黑17，白接不上。黑活棋。

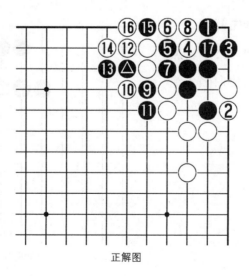

正解图

失败图（黑死）：

黑1恶手，白2大飞后，黑无活路。

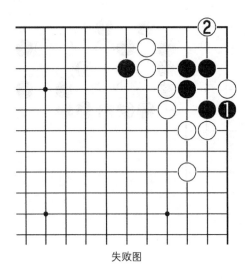

失败图

一　级

问题33（黑先）

白是富有弹力之形。黑的精巧攻击，可使白陷入绝境。

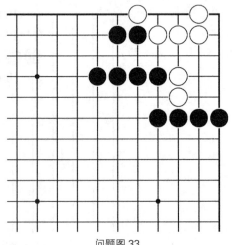

问题图 33

问题34（黑先）

由于白有韧性，简单的攻击是不会有效果的。

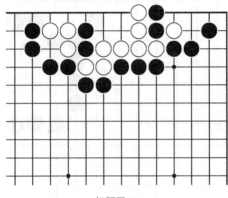

问题图 34

问题35（黑先）

控制要点可杀白。

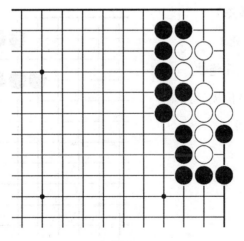

问题图 35

问题36（黑先）

黑似乎没有生路，其实白棋有隙可乘。

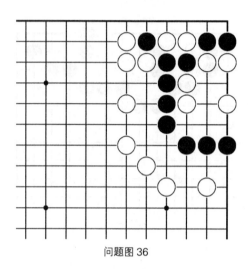

问题图 36

解答

问题33（黑先）

正解图（白死）：

黑1、3、5次序绝妙。

白4如改在A位提，黑则

走B位，白仍不活。

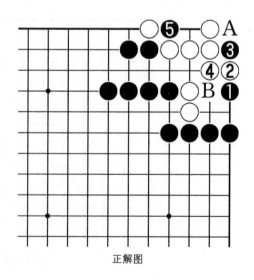

正解图

失败图（白活）：

黑1恶手，白2至白6后黑无法杀白。

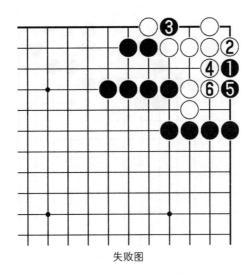

失败图

问题34（黑先）

正解图（白死）：

黑1至7次序好，白被杀死。

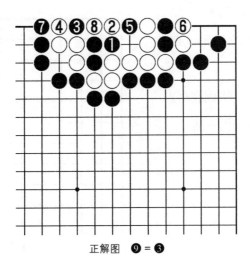

正解图　❾ = ❸

失败图（劫活）：

黑3软弱，白6后成为打劫。

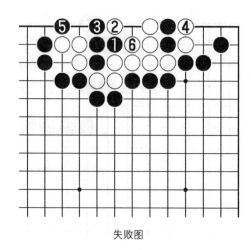

失败图

问题35（黑先）

正解图（白死）：

黑1至7次序巧妙，结果成为"金鸡独立"形，白死。

白6若走7位，黑则在6位渡过，白不入气，仍不活。

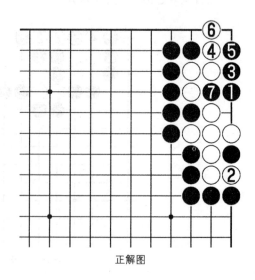

正解图

失败图（白活）：

黑1无谋，白2后净活。

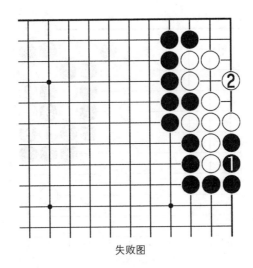

失败图

问题36（黑先）

正解图（黑活）：

黑1至黑13是一连串的手筋，白棋被吃。

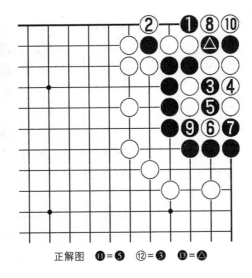

正解图　⑪=❺　⑫=❸　⑬=△

失败图（黑死）：

黑1次序错，白8后黑无法做活。

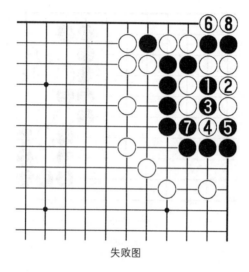

失败图

初　段

问题37（黑先）

此时黑有一步"玄妙"的手筋。

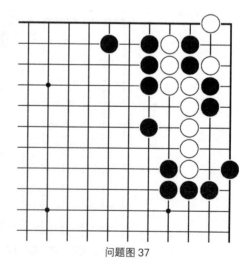

问题图 37

问题38（黑先）

角上直接做成两眼是不可能的事。如何利用白棋的弱点，请注意先后次序。

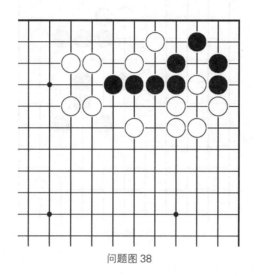

问题图 38

问题39（黑先）

此形白不是很完整的棋，请利用被白围住的黑一子。

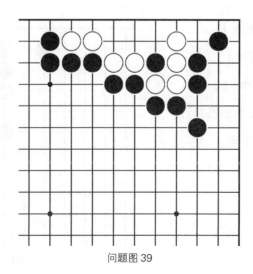

问题图 39

问题40（黑先）

吃白是不可能的。应如何巧妙地做活呢?

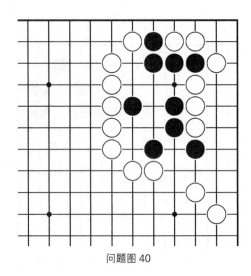

问题图40

解 答

问题37（黑先）

正解图（白死）:

黑1是"玄妙"的一手,
白无以应对。以下至黑7后,
白A位不入气,净死。

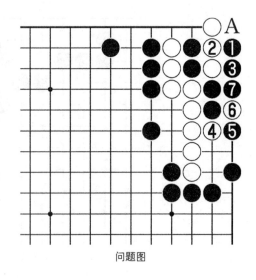

问题图

变化图：

黑1后，白如先在2位挡，黑3粘必然，以下变化是很有趣的。黑7关键，此后形成"倒脱靴"，白仍净死。

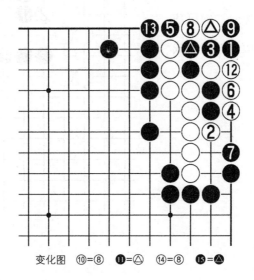

变化图　⑩=⑧　⑪=△　⑭=⑧　⑮=△

失败图（打劫）：

黑1冲吃，白2、4强手，成劫活。

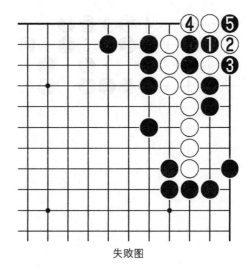

失败图

问题38（黑先）

正解图（黑活）：

黑1挤绝妙，白2后，黑3立更妙，白4，黑5、7即可巧活。黑3立试问应手，在实战中是很实用的。

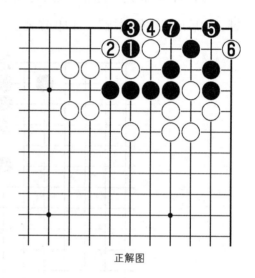

正解图

变化图：

黑3后，白4如改在外面打，黑先5位尖，而后下9位也可做活。

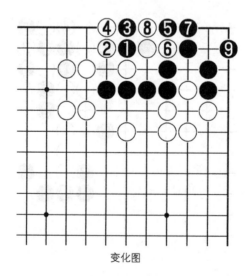

变化图

失败图（黑死）：

黑1恶手，白2后黑无法活棋。

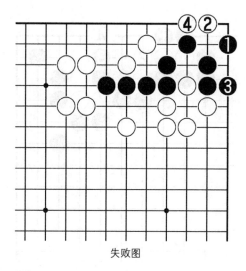

失败图

问题39（黑先）

正解图（打劫死）：

黑1夹手筋，以下至黑5后，白成劫活。白4如走5位粘，黑可A位长，白
净死。

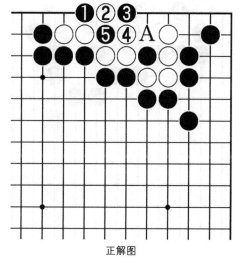

正解图

变化图：

白2粘，黑先3位长关键，至黑5白净死。

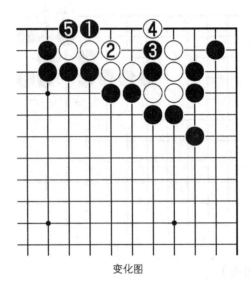

变化图

失败图：

黑1扳是乏味的一手，白2虎轻松做活。

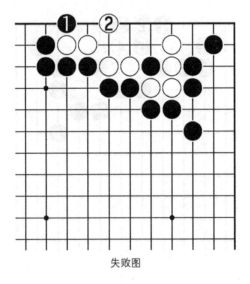

失败图

问题40（黑先）

正解图：

黑1、3断立后，黑5、7连扳是巧妙的手筋，以下至黑13净活。

白8如于A位断，则黑有10位扑的手段。

之后B、C两点黑必得其一，活棋。

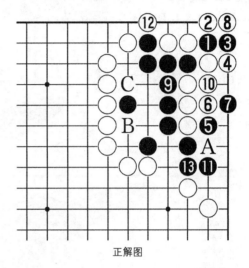

正解图

失败图：

黑5先打，次序错误，白8后，黑无法做活。

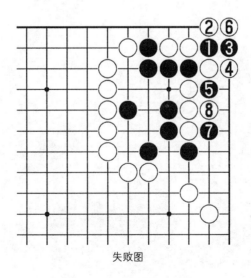

失败图

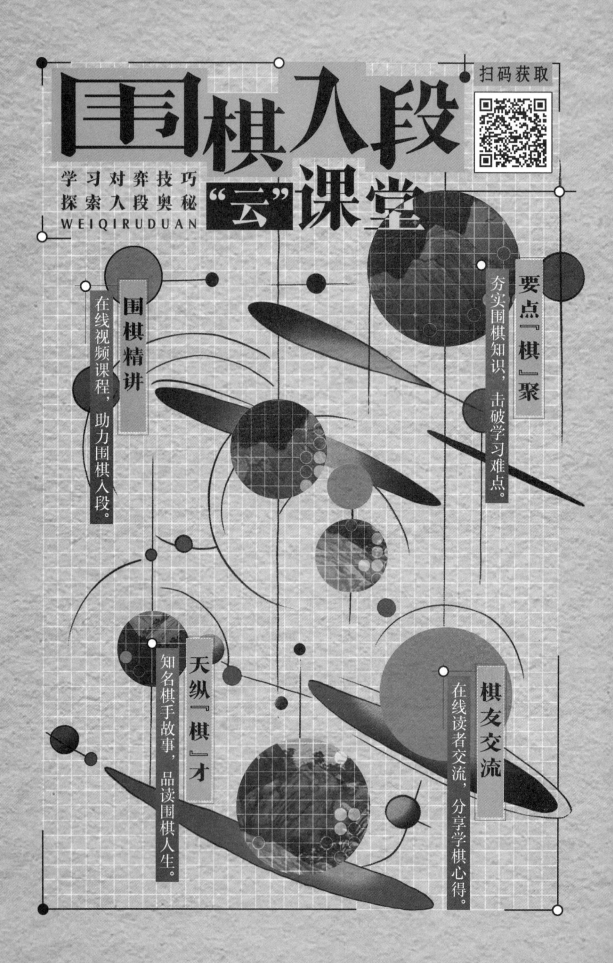

围棋入段"云"课堂

学习对弈技巧
探索入段奥秘
WEIQIRUDUAN

扫码获取

围棋精讲
在线视频课程，助力围棋入段。

要点『棋』聚
夯实围棋知识，击破学习难点。

天纵『棋』才
知名棋手故事，品读围棋人生。

棋友交流
在线读者交流，分享学棋心得。